"The goodness in me is greeting the goodness in you."

(제 안의 선함이 당신 안의 선함을 반깁니다)

Name _____

Date _____

최성애 박사와 함께하는

행복일기

| 심화편 |

최성애 지음

책으로여는세상

행복일기를 시작하는 당신에게

행복일기란 제가 학창시절부터 오랜 기간 동안 실천하면서 그 효과를 확신하여 여러분들께 추천해 드리는 매일의 자기점검과 자기성장의 기록입니다. 제 개인의 경험뿐 아니라 하버드 졸업생의 추적연구(Grant Study)와 방대한 긍정심리학의 연구, 최근 뇌과학을 통해서도 운동, 건강한 인간관계, 감사의 마음, 선행 등은 성공하고 행복한 삶의 공통점이라는 것이 밝혀졌습니다.

이 일기는 자신을 위해 실천하고 기록하는 것입니다. 자신을 보살피는 행동은 자기성장의 시작입니다. 행복일기에 있는 내용을 매일 조금씩 실천하다 보면 어느새 자신의 몸, 마음, 영혼이 평화로워지며 행복감과 성취감을 느끼고 주변 사람들과의 관계도 좋아질 것입니다.

천천히 고르게 숨을 쉬면서 우리가 함께 살고 있는 지구 위에 자신만의 자리(공간)를 상상해보세요.

지금까지 세상 사람 중 누군가의 선행과 노력들이 모여 우리 삶이 좀 더 발전해 왔습니다. 마찬가지로 오늘 내가 어제보다 조금 더 개선하려고 노력하고 또 남을 위해 아주 작은 선행을 베푼다면 좀 더 평화롭고 아름다운 지구를 만들 수 있을 것입니다.

오늘도 마음으로부터 저의 loving-kindness를 보내드립니다.

평화와 함께, **최 성 애**

행복일기를
시작하기 전에

장점 찾기

행복만들기는 장점 찾기로부터 시작합니다. 자신의 장점을 50가지 적어보세요. 행복일기 기초편에서 적은 장점들을 그대로 적어도 좋지만 다시 적어보면 더욱 좋습니다. 미처 발견하지 못한 장점들이 떠오를 수 있기 때문입니다.

만약 장점이 잘 떠오르지 않는다면 먼저 자신의 가장 큰 장점 3가지, 그 다음 장점 7가지, 10가지 … 이렇게 조금씩 나누어 적어보세요. 다른 사람과 비교할 필요 없이 내가 생각하는 나의 장점을 적으면 됩니다. 처음 20가지를 쓸 때까지는 좀 어려울 수 있지만 이후부터는 쉽게 더 많은 장점이 떠오르게 됩니다.

여러분에게 많은 장점이 있어도 본인이 알고 있어야 잘 활용할 수 있다는 사실을 기억하세요. 만약 장점 찾기가 어렵다면 아래 예시를 참고해도 좋습니다.

예 : 일찍 일어난다 / 동물을 좋아한다 / 요리를 잘한다 / 정리를 잘한다 / 의리가 있다 / 잘 먹는다 / 잘 잔다 / 아이를 좋아한다 / 손이 따뜻하다 / 책을 좋아한다 / 컴퓨터를 잘한다 / 잘 참는다 / 말을 부드럽게 한다 / 글씨가 예쁘다 / 꿈이 있다 / 운동을 꾸준히 한다 / 시간 약속을 잘 지킨다 / 농담을 잘한다 / 노래를 잘한다 / 다른 사람을 잘 돕는다

나의 장점 찾기

내가 생각하는 나의 대표 장점 3가지

1.

2.

3.

그 다음 장점 7가지

1.

2.

3.

4.

5.

6.

7.

그 다음 장점 10가지

1.

2.

3.

4.

5.

6.

7.

8.

9.

10.

그 다음 장점 20가지

1.

2.

3.

4.

5.

6.

7.

8.

9.

10.

11.

12.

13.

14.

15.

16.

17.

18.

19.

20.

그 다음 장점 10가지

1.

2.

3.

4.

5.

6.

7.

8.

9.

10.

위에 적은 장점들 중에서 발전시키고 싶은 것에 표시를 해보세요.

나에게 '도전이 되는 사람'의 장점 찾기

행복만들기는 나의 장점 찾기에서 시작되지만, 다른 사람의 좋은 점을 떠올려보는 것도 행복 에너지를 충전하는 데 도움이 됩니다. 일반적으로 자신에게 우호적이거나 자신이 좋아하는 사람의 장점은 떠올리기 쉽습니다. 하지만 자신에게 큰 어려움을 주거나 스트레스의 원천이 되는 사람의 장점은 찾기가 어렵습니다. 그런 사람을 나에게 '도전이 되는 사람'이라고 표현하는데, 장점 찾기를 통해 그 사람에 대해 새로운 시각을 가질 수 있습니다.

나에게 '도전이 되는 사람' ( )의 대표 장점 3가지
1.
2.
3.

( )의 장점 7가지
1.
2.
3.
4.
5.
6.
7.

(　　　　　)의 장점 10가지

1.

2.

3.

4.

5.

6.

7.

8.

9.

10.

(　　　　　)의 장점 20가지

1.

2.

3.

4.

5.

6.

7.

8.

9.

10.

11.

12.

13.

14.

15.

16.

17.

18.

19.

20.

(   )의 장점 10가지

1.

2.

3.

4.

5.

6.

7.

8.

9.

10.

위에 적은 장점들을 깨끗한 종이에 옮겨 적어서 드려보세요. 어떤 반응이 나오든 여기까지가 우리가 할 수 있는 최선이며 이 작업을 하신 여러분께 격려를 보내 드립니다.

나의
행복일기

당신은 움츠리기보다 활짝 피어나도록 만들어진 존재입니다. – 오프라 윈프리

🍀 **운동일기** • 오늘 내가 한 운동 (   )   • 운동 시간 : 아침 · 낮 · 저녁 · 밤 (분)

• 운동 후 생각이나 느낌

🍀 **다행일기** 나는 ~(아니)라서 다행이다 / 나는 비록 ~지만 ~(아니)라서 다행이다

🍀 **감사일기** 오늘 가장 고마웠던 한 사람을 떠올리고, 그 사람에게 짤막한 감사의 글을 적어보세요

🍀 **선행일기** 오늘 나는 다른 사람에게 어떤 도움을 주었나요? 그때의 생각이나 느낌을 적어보세요

🌱 감정일기

- 오늘 나의 감정날씨 ☀ ⛅ ☁ 🌧 🌫 ⚡ ❄ (   )

- 오늘 나에게 강한 감정을 불러일으킨 상황

- 그때 떠오른 생각이나 느낌

- 그때 내가 느낀 몸과 마음의 상태 ☹ -5 -4 -3 -2 -1 0 +1 +2 +3 +4 +5 😄

- 이 일에 대한 나의 반응

- 이 일을 통해 깨달은 것이 있다면? 앞으로 이런 일이 일어난다면 되도록 어떻게 하면 좋을까요?

- 오늘 나의 행복지수 ☹ -5 -4 -3 -2 -1 0 +1 +2 +3 +4 +5 😄

Note

세상에서 가장 아름다운 것은 눈에 보이지도, 손으로 만져지지도 않습니다.
그것은 오직 마음으로만 느낄 수 있습니다. – 헬렌 켈러

😊 **운동일기**   • 오늘 내가 한 운동 (   )   • 운동 시간 : 아침 • 낮 • 저녁 • 밤 (분)

• 운동 후 생각이나 느낌

😊 **다행일기**   나는 ~(아니)라서 다행이다 / 나는 비록 ~지만 ~(아니)라서 다행이다

😊 **감사일기**   오늘 가장 고마웠던 한 사람을 떠올리고, 그 사람에게 짤막한 감사의 글을 적어보세요

😊 **선행일기**   오늘 나는 다른 사람에게 어떤 도움을 주었나요? 그때의 생각이나 느낌을 적어보세요

🍀 감정일기

- 오늘 나의 감정날씨 ☀ ⛅ ☁ 🌧 🌫 ⚡ ❄ (   )

- 오늘 나에게 강한 감정을 불러일으킨 상황

- 그때 떠오른 생각이나 느낌

- 그때 내가 느낀 몸과 마음의 상태 ☹ -5 -4 -3 -2 -1 0 +1 +2 +3 +4 +5 😄

- 이 일에 대한 나의 반응

- 이 일을 통해 깨달은 것이 있다면? 앞으로 이런 일이 일어난다면 되도록 어떻게 하면 좋을까요?

- 오늘 나의 행복지수 ☹ -5 -4 -3 -2 -1 0 +1 +2 +3 +4 +5 😄

Note

인간이 가진 자유 중 최후의 자유, 본질적인 자유, 그 누구도 빼앗을 수 없는 자유는 자신이 처한 환경이 어렵든 힘들든 상관없이 스스로 자신의 태도를 선택하는 자유이다. 바로 이것이 최후의 자유이다. – 빅터 프랭클

운동일기   · 오늘 내가 한 운동 (   )   · 운동 시간 : 아침 · 낮 · 저녁 · 밤 (분)

· 운동 후 생각이나 느낌

다행일기   나는 ~(아니)라서 다행이다 / 나는 비록 ~지만 ~(아니)라서 다행이다

감사일기   오늘 가장 고마웠던 한 사람을 떠올리고, 그 사람에게 짤막한 감사의 글을 적어보세요

선행일기   오늘 나는 다른 사람에게 어떤 도움을 주었나요? 그때의 생각이나 느낌을 적어보세요

😊 감정일기

• 오늘 나의 감정날씨　☀ ⛅ ☁ 🌧 🌬 ⚡ ❄　(　　　　　　　　　　　)

• 오늘 나에게 강한 감정을 불러일으킨 상황

• 그때 떠오른 생각이나 느낌

• 그때 내가 느낀 몸과 마음의 상태　😦　-5　-4　-3　-2　-1　0　+1　+2　+3　+4　+5　😄

• 이 일에 대한 나의 반응

• 이 일을 통해 깨달은 것이 있다면? 앞으로 이런 일이 일어난다면 되도록 어떻게 하면 좋을까요?

• 오늘 나의 행복지수　😦　-5　-4　-3　-2　-1　0　+1　+2　+3　+4　+5　😄

Note

행복 에너지를 충전하는 방법 가운데 가장 효과적인 것은 긍정적인 감정을 느끼는 것입니다.
자신의 장점에 대해 생각해보는 것도 긍정적인 감정을 느낄 수 있는 방법입니다.

🌼 **운동일기** · 오늘 내가 한 운동 (   ) · 운동 시간 : 아침 · 낮 · 저녁 · 밤 (분)

· 운동 후 생각이나 느낌

🌼 **다행일기** 나는 ~(아니)라서 다행이다 / 나는 비록 ~지만 ~(아니)라서 다행이다

🌼 **감사일기** 오늘 가장 고마웠던 한 사람을 떠올리고, 그 사람에게 짤막한 감사의 글을 적어보세요

🌼 **선행일기** 오늘 나는 다른 사람에게 어떤 도움을 주었나요? 그때의 생각이나 느낌을 적어보세요

😊 감정일기

• 오늘 나의 감정날씨   ☀ ⛅ ☁ 🌧 🌫 ⚡ ❄   (   )

• 오늘 나에게 강한 감정을 불러일으킨 상황

· ·

• 그때 떠오른 생각이나 느낌

· ·

• 그때 내가 느낀 몸과 마음의 상태   ☹ -5 -4 -3 -2 -1 0 +1 +2 +3 +4 +5 😄

• 이 일에 대한 나의 반응

· ·

• 이 일을 통해 깨달은 것이 있다면? 앞으로 이런 일이 일어난다면 되도록 어떻게 하면 좋을까요?

· ·

· ·

· ·

• 오늘 나의 행복지수   ☹ -5 -4 -3 -2 -1 0 +1 +2 +3 +4 +5 😄

Note

하버드대학교 졸업생들을 20대부터 90대까지 75년간 추적 조사(Grant Study) 한 결과, 대학을 졸업한 후 세상을 떠날 때까지 이들의 행복과, 성공, 건강에 가장 많은 영향을 미친 것은 바로 '관계'였습니다. 물론 관계 중에서도 의미 있고 긍정적인 관계였습니다.

😄 **운동일기**　　·오늘 내가 한 운동 (　　　　　　　)　·운동 시간 : 아침·낮·저녁·밤 (　　分)

　　　　　　　·운동 후 생각이나 느낌

😄 **다행일기**　　나는 ~(아니)라서 다행이다 / 나는 비록 ~지만 ~(아니)라서 다행이다

😄 **감사일기**　　오늘 가장 고마웠던 한 사람을 떠올리고, 그 사람에게 짤막한 감사의 글을 적어보세요

😄 **선행일기**　　오늘 나는 다른 사람에게 어떤 도움을 주었나요? 그때의 생각이나 느낌을 적어보세요

🌚 감정일기

- 오늘 나의 감정날씨 ☀ ⛅ ☁ 🌧 🌫 ⚡ ❄ (   )

- 오늘 나에게 강한 감정을 불러일으킨 상황

- 그때 떠오른 생각이나 느낌

- 그때 내가 느낀 몸과 마음의 상태 ☹ -5 -4 -3 -2 -1 0 +1 +2 +3 +4 +5 😄

- 이 일에 대한 나의 반응

- 이 일을 통해 깨달은 것이 있다면? 앞으로 이런 일이 일어난다면 되도록 어떻게 하면 좋을까요?

- 오늘 나의 행복지수 ☹ -5 -4 -3 -2 -1 0 +1 +2 +3 +4 +5 😄

Note

상대방이 달라지기를 바란다면 먼저 그 사람을 있는 그대로 좋아하라.
사람은 결점까지도 사랑받고 수용된다고 믿을 때 변화하고자 하는 마음이 생긴다. – 존 가트맨

🌼 운동일기 　• 오늘 내가 한 운동 (　　　　　　　　　) 　• 운동 시간 : 아침 • 낮 • 저녁 • 밤 (　　) 분

　　　　　　• 운동 후 생각이나 느낌

🌼 다행일기 　나는 ~(아니)라서 다행이다 / 나는 비록 ~지만 ~(아니)라서 다행이다

🌼 감사일기 　오늘 가장 고마웠던 한 사람을 떠올리고, 그 사람에게 짤막한 감사의 글을 적어보세요

🌼 선행일기 　오늘 나는 다른 사람에게 어떤 도움을 주었나요? 그때의 생각이나 느낌을 적어보세요

🌱 감정일기

- 오늘 나의 감정날씨　☀ ⛅ ☁ 🌧 🌬 ⚡ ❄　(　　　　　　　　　　　　　　　　　)

- 오늘 나에게 강한 감정을 불러일으킨 상황

- 그때 떠오른 생각이나 느낌

- 그때 내가 느낀 몸과 마음의 상태　☹ -5 -4 -3 -2 -1 0 +1 +2 +3 +4 +5 😄

- 이 일에 대한 나의 반응

- 이 일을 통해 깨달은 것이 있다면? 앞으로 이런 일이 일어난다면 되도록 어떻게 하면 좋을까요?

- 오늘 나의 행복지수　☹ -5 -4 -3 -2 -1 0 +1 +2 +3 +4 +5 😄

Note

스트레스는 감정적 불편함입니다. 하지만 감정을 누르고 부인하고 회피한다고 스트레스가 사라지지는 않습니다. 적절하고 효과적인 대응을 통해서 해소되거나 사라집니다. 다행인 것은 스트레스에 대응하는 힘인 회복탄력성은 키울 수 있다는 사실입니다.

😊 **운동일기**   · 오늘 내가 한 운동 (   )   · 운동 시간 : 아침 · 낮 · 저녁 · 밤 (분)

· 운동 후 생각이나 느낌

😊 **다행일기**   나는 ~(아니)라서 다행이다 / 나는 비록 ~지만 ~(아니)라서 다행이다

😊 **감사일기**   오늘 가장 고마웠던 한 사람을 떠올리고, 그 사람에게 짤막한 감사의 글을 적어보세요

😊 **선행일기**   오늘 나는 다른 사람에게 어떤 도움을 주었나요? 그때의 생각이나 느낌을 적어보세요

💟 감정일기

• 오늘 나의 감정날씨 　☀ ⛅ ☁ 🌧 💨 ⚡ ❄ 　(　　　　　　　　　　　　　　　　)

• 오늘 나에게 강한 감정을 불러일으킨 상황

• 그때 떠오른 생각이나 느낌

• 그때 내가 느낀 몸과 마음의 상태 　☹ -5　-4　-3　-2　-1　0　+1　+2　+3　+4　+5 😄

• 이 일에 대한 나의 반응

• 이 일을 통해 깨달은 것이 있다면? 앞으로 이런 일이 일어난다면 되도록 어떻게 하면 좋을까요?

• 오늘 나의 행복지수 　☹ -5　-4　-3　-2　-1　0　+1　+2　+3　+4　+5 😄

Note

'해야 한다'에서 '하고 싶다'로

우리는 어떤 일이나 직업, 성별 등에서 '그 사람은 또는 그 직업은 당연히 ~해야 한다'라고 생각하곤 합니다. 예를 들어 '남자는 항상 용감해야 한다', '학생은 당연히 공부를 해야 한다', '선생님이라면 모범이 되어야 한다'라고 생각할 수 있습니다. 그런데 이 말은 공감이 되면서도 부담감이 느껴지고 마음이 무거워집니다. 이런 게 바로 '당위적 삶'입니다.

⊙ 당위적 삶에 대해 생각해보는 연습
아래 빈 칸에 떠오르는 대로 적어보세요. 정답은 없으니 자유롭게 적으시면 됩니다.

1. 여자는 항상 _____
2. 남자라면 당연히 _____
3. 부모는 절대로 _____
4. 학생이란 원래 _____
5. 선생님들은 기본적으로 _____

다음은 워크숍 참가자들이 위의 빈 칸을 채워 완성한 문장들입니다.

1. 여자는 항상 아름다워야 한다. / 여자는 항상 준비되어 있어야 한다. / 여자는 항상 정숙해야 한다.
2. 남자라면 당연히 돈을 벌어야 한다. / 남자라면 당연히 여자를 잘 보살펴야 한다. / 남자라면 당연히 용기가 있어야 한다. / 남자라면 당연히 당당해야 한다.
3. 부모는 절대로 자식을 포기해선 안 된다. / 부모는 절대로 아이들에게 깊은 상처를 주지 말아야 한다. / 부모는 절대로 삶의 모범이 되어야 한다. / 부모는 절대로 아이들을 믿어야 한다.
4. 학생이란 원래 미완성된 인격체다. / 학생이란 원래 노는 것을 좋아한다. / 학생이란 원래 모순덩어리다. / 학생이란 원래 자유로운 영혼들이다.
5. 선생님들은 기본적으로 가르치려고 한다. / 선생님들은 기본적으로 아이들을 사랑한다. / 선생님들은 기본적으로 말이 많다. / 선생님들은 기본적으로 친절해야 한다.

공감되는 것도 있고 공감하기 힘든 것도 있을 것입니다. 그런데 '부모는 절대로 삶의 모범이 되어야 한다', '선생님들은 기본적으로 친절해야 한다' 같은 이야기에는 공감이 되면서도 부담감이 느껴지고 마음이 무거워집니다. 이런 게 바로 '당위적 삶'입니다.

갓난아기가 세상에 태어났을 때 아기의 머릿속에 당위적 삶에 대한 생각이 있을까요? 물론 없습니다. 자라는 동안 부모님을 통해서, 선생님에게서, 대중매체를 통해서, 책을 통해서, 주변 사람들을 통해서 '이래야 한다, 저래야 한다'는 이야기를 들으며 당위적 삶에 익숙해져 가는 것입니다.

당위적 삶이 나쁘다는 것은 아닙니다. 사회에서 꼭 지켜야 할 부분들은 지켜야 합니다. 하지만 거기에 너무 얽매이면 자신이 원하는 삶을 살기가 어려울 수 있습니다. 자신이 하고 있는 일이 '하고 싶은(want)' 일이 아니라 '해야 하는(should)' 일일 수도 있습니다. 그러면 점점 그 일이 부담으로 다가오고 하고 싶지 않을 것입니다. -「최성애·조벽 교수의 청소년 감정코칭」(2012, 해냄) 중에서

🌱 실존일기 : 실존적 삶을 찾아보는 연습

⊙ 1단계 : Want List – 하고 싶은 것을 적습니다
앞으로 1주일 동안 자신이 진정으로 하고 싶은 것을 적어봅니다. 불가능한 것도 좋습니다. '나는 ~하고 싶다'라고 적습니다. 잘 떠오르지 않는다면 여러분 앞에 요술램프가 있다고 생각하세요. 소원은 3가지만 들어줍니다. 어떤 소원을 말하실 건가요? 마음 깊이 원하는 것을 이야기해보세요.

⊙ 2단계 : Can List – 할 수 있는 것을 적습니다
Want list에서 적은 것 중에서 나에게 해를 끼치거나 다른 사람을 힘들게 하는 일을 제외합니다. 그리고 현재의 내가 할 수 있는 일을 골라서 '나는 ~하고 싶다'를 '나는 ~할 수 있다'라고 고치면 됩니다. 지금 당장은 불가능하더라도 차차 할 수 있는 일이라면 그 첫 시작이 되는 일을 적어보세요.

⊙ 3단계 : Will List – 할 것을 적습니다
마지막으로, '나는 ~할 수 있다'라고 적은 목록 중에서 나의 의지로 반드시 할 일을 추려봅니다. 그리고 이렇게 적습니다. '나는 ~을 할 것이다'.

⊙ 4단계 : Imaging & Feeling – 상상했을 때의 느낌을 적습니다
잠시 눈을 감고 'Will list'에 적은 일을 하고 있는 내 모습을 상상해봅니다. 예컨대, 여행을 떠나는 모습이나, 큰일을 끝내고 상쾌하게 기지개를 켜는 모습을 상상해봅니다. 그리고 이때 어떤 기분이 드는지 적어봅니다. 혹시 어떤 기분인지 잘 모르겠다면 부록에 있는 감정리스트를 읽고 가장 비슷한 느낌을 찾아보세요. 다 적었으면, 이제 조용히 소리 내어 읽어봅니다.

실존일기 예시

Want List

이번 주에 꼭 하고 싶은 일을 적어보세요
(예 : 나는 영화를 보고 싶다)

1. 나는 이번 주말에 조용한 곳으로 여행을 가고 싶다.

2. 나는 ○○에게 고마움을 전하고 싶다.

3. 나는 영어를 잘하고 싶다.

4. 나는 밤새도록 술을 마시고 싶다.

5. 나는 새가 되고 싶다.

6. 나는 아빠를 이해하고 싶다.

7. 나는 감정코칭을 배우고 싶다.

Can List

Want list 중에서 실현가능한 내용을 골라 '나는 ~할 수 있다'로 바꿔보세요
(예 : 나는 영화를 볼 수 있다)

1. 나는 이번 주말에 조용한 곳으로 여행을 갈 수 있다. 멀리는 아니지만 ○○로 간다.

2. 나는 ○○에게 고마움을 전할 수 있다. 작은 선물과 편지를 준비하자.

3. 나는 영어를 잘하기 위해 영어책을 고르고 하루에 20분씩 공부할 수 있다.

4. 나는 밤새도록 술을 마시고 싶다. 내건강에 매우 좋지 않고 주변에 피해를 줄 수 있다.

5. 나는 새가 되고 싶다. 불가능하다.

6. 나는 아빠를 이해할 수 있다.

7. 나는 감정코칭을 배울수 있다.

Will List

Can list 의 내용을 '나는 ~할 것이다'로 바꿔 적어보세요
(예 : 나는 주말에 영화를 볼 것이다)

1. 나는 이번 주말에 OO로 조용히 여행을 떠날 것이다.
2. 나는 OO에게 고마움을 전할 것이다. 작은 선물을 준비하자.
3. 나는 영어를 잘하기 위해 오늘 오후에 책을 고르고 오늘부터 20분씩 공부할것이다.
4. 나는 아빠를 이해할 수 있을 것이다.
5. 나는 감정코칭을 배울 것이다.
6. _____
7. _____

Imaging & Feeling

위의 일을 했을 때를 충분히 상상해보고 그때의 느낌이나
몸의 상태를 적어보세요(예 : 삶의 여유가 느껴진다)

1. (여행가는 모습을 상상) 홀가분하고, 시원하다. 어깨가 가볍다.
2. (작은 선물을 하는 것을 상상) 고마운 마음이 들고 기분이 좋다.
3. (영어 공부 20분씩 하는 것을 상상) 자신감이 들고, 기특하다.
4. (아빠를 이해하는 모습을 상상) 상상이 안 되고, 불편하고 심장이 아프다.
5. (감정코칭을 하는 모습을 상상) 뿌듯하다. 행복하다. 대견하다.

만약 찜찜하다, 슬프다, 막막하다, 답답하다와 같은 느낌이나 비슷한 기분이 든다면 그것은 자신이 진정
으로 원하는 일이 아닐 수 있습니다. 이럴 때는 그 일을 하지 않는 것이 좋습니다. 반대로 상상했을 때
기쁘고, 즐겁고, 행복하고, 보람있게 느껴진다면 그 일을 하면 됩니다.

Want List

이번 주에 꼭 하고 싶은 일을 적어보세요
(예 : 나는 영화를 보고 싶다)

1.
2.
3.
4.
5.
6.
7.

한쪽 발은 꿈 위에, 다른 한쪽 발은 현실 위에. - 조벽 교수

Can List

Want list 중에서 실현가능한 내용을 골라 '나는 ~할 수 있다'로 바꿔보세요
(예 : 나는 영화를 볼 수 있다)

1.
2.
3.
4.
5.
6.
7.

Will List

Can list 의 내용을 '나는 ~할 것이다'로 바꿔 적어보세요
(예 : 나는 주말에 영화를 볼 것이다)

1. ....

2. ....

3. ....

4. ....

5. ....

6. ....

7. ....

Imaging & Feeling

위의 일을 했을 때 기분이 어떨지 상상해보고 그때의 느낌이나
몸의 상태를 적어보세요(예 : 삶의 여유가 느껴진다)

1. ....

2. ....

3. ....

4. ....

5. ....

6. ....

7. ....

자세히 보아야 예쁘다. 오래 보아야 사랑스럽다. 너도 그렇다.
– 나태주 시인의 '풀꽃' 중에서

🌱 운동일기   • 오늘 내가 한 운동 (   )   • 운동 시간 : 아침 • 낮 • 저녁 • 밤 (분)

            • 운동 후 생각이나 느낌

🌱 다행일기   나는 ~(아니)라서 다행이다 / 나는 비록 ~지만 ~(아니)라서 다행이다

🌱 감사일기   오늘 가장 고마웠던 한 사람을 떠올리고, 그 사람에게 짤막한 감사의 글을 적어보세요

🌱 선행일기   오늘 나는 다른 사람에게 어떤 도움을 주었나요? 그때의 생각이나 느낌을 적어보세요

감정일기

- 오늘 나의 감정날씨 ☀ ⛅ ☁ 🌦 🌫 ⚡ ❄ (   )

- 오늘 나에게 강한 감정을 불러일으킨 상황

....

....

- 그때 떠오른 생각이나 느낌

....

....

- 그때 내가 느낀 몸과 마음의 상태   ☹ -5 -4 -3 -2 -1 0 +1 +2 +3 +4 +5 😄

- 이 일에 대한 나의 반응

....

....

- 이 일을 통해 깨달은 것이 있다면? 앞으로 이런 일이 일어난다면 되도록 어떻게 하면 좋을까요?

....

....

....

....

....

- 오늘 나의 행복지수   ☹ -5 -4 -3 -2 -1 0 +1 +2 +3 +4 +5 😄

Note

행복은 관계에서 비롯됩니다. 나는 행복해지는데 다른 사람이 불행해진다면 그것은 불행입니다.

💚 운동일기　　·오늘 내가 한 운동 (　　　　　　　　　)　　·운동 시간 : 아침·낮·저녁·밤 (　　　　분)

　　　　　　　　·운동 후 생각이나 느낌

💚 다행일기　　나는 ~(아니)라서 다행이다 / 나는 비록 ~지만 ~(아니)라서 다행이다

💚 감사일기　　오늘 가장 고마웠던 한 사람을 떠올리고, 그 사람에게 짤막한 감사의 글을 적어보세요

💚 선행일기　　오늘 나는 다른 사람에게 어떤 도움을 주었나요? 그때의 생각이나 느낌을 적어보세요

😊 감정일기

- 오늘 나의 감정날씨 ☀ ⛅ ☁ 🌧 🌦 ⚡ ❄ (   )

- 오늘 나에게 강한 감정을 불러일으킨 상황

- 그때 떠오른 생각이나 느낌

- 그때 내가 느낀 몸과 마음의 상태   ☹ -5 -4 -3 -2 -1 0 +1 +2 +3 +4 +5 😄

- 이 일에 대한 나의 반응

- 이 일을 통해 깨달은 것이 있다면? 앞으로 이런 일이 일어난다면 되도록 어떻게 하면 좋을까요?

- 오늘 나의 행복지수   ☹ -5 -4 -3 -2 -1 0 +1 +2 +3 +4 +5 😄

Note

시도해보지 않고는 누구도 자신이 얼마만큼 해낼수 있는지 알지 못한다.
– 푸블리우스 시루스

🌸 운동일기   • 오늘 내가 한 운동 (   )   • 운동 시간 : 아침 • 낮 • 저녁 • 밤 (분)

               • 운동 후 생각이나 느낌

🌸 다행일기   나는 ~(아니)라서 다행이다 / 나는 비록 ~지만 ~(아니)라서 다행이다

🌸 감사일기   오늘 가장 고마웠던 한 사람을 떠올리고, 그 사람에게 짤막한 감사의 글을 적어보세요

🌸 선행일기   오늘 나는 다른 사람에게 어떤 도움을 주었나요? 그때의 생각이나 느낌을 적어보세요

🌱 감정일기

• 오늘 나의 감정날씨 ☀ ⛅ ☁ ☔ 🌬 ⚡ ❄ (   )

• 오늘 나에게 강한 감정을 불러일으킨 상황

• 그때 떠오른 생각이나 느낌

• 그때 내가 느낀 몸과 마음의 상태   ☹ -5 -4 -3 -2 -1 0 +1 +2 +3 +4 +5 😄

• 이 일에 대한 나의 반응

• 이 일을 통해 깨달은 것이 있다면? 앞으로 이런 일이 일어난다면 되도록 어떻게 하면 좋을까요?

• 오늘 나의 행복지수   ☹ -5 -4 -3 -2 -1 0 +1 +2 +3 +4 +5 😄

Note

감사는 단지 고맙다는 '생각'만이 아니라 깊이 고마움을 '느끼는 것'입니다.
감사일기는 진심을 담아 고마움을 느끼고 표현하는 것이 중요합니다.

😊 **운동일기**　　·오늘 내가 한 운동 (　　　　　　　　　)　·운동 시간 : 아침·낮·저녁·밤 (　　　분)

　　　　　　　·운동 후 생각이나 느낌

😊 **다행일기**　　나는 ~(아니)라서 다행이다 / 나는 비록 ~지만 ~(아니)라서 다행이다

😊 **감사일기**　　오늘 가장 고마웠던 한 사람을 떠올리고, 그 사람에게 짤막한 감사의 글을 적어보세요

😊 **선행일기**　　오늘 나는 다른 사람에게 어떤 도움을 주었나요? 그때의 생각이나 느낌을 적어보세요

😊 감정일기

• 오늘 나의 감정날씨 ☀ ⛅ ☁ 🌧 🌦 ⚡ ❄ (   )

• 오늘 나에게 강한 감정을 불러일으킨 상황

• 그때 떠오른 생각이나 느낌

• 그때 내가 느낀 몸과 마음의 상태   ☹ -5 -4 -3 -2 -1 0 +1 +2 +3 +4 +5 😄

• 이 일에 대한 나의 반응

• 이 일을 통해 깨달은 것이 있다면? 앞으로 이런 일이 일어난다면 되도록 어떻게 하면 좋을까요?

• 오늘 나의 행복지수   ☹ -5 -4 -3 -2 -1 0 +1 +2 +3 +4 +5 😄

Note

내 안에 빛이 있으면 스스로 밖이 빛나는 법이다. – 알버트 슈바이처

😊 운동일기　　•오늘 내가 한 운동 (　　　　　　　　)　•운동 시간 : 아침·낮·저녁·밤 (　　　분)

　　　　　　　•운동 후 생각이나 느낌

😊 다행일기　　나는 ~(아니)라서 다행이다 / 나는 비록 ~지만 ~(아니)라서 다행이다

😊 감사일기　　오늘 가장 고마웠던 한 사람을 떠올리고, 그 사람에게 짤막한 감사의 글을 적어보세요

😊 선행일기　　오늘 나는 다른 사람에게 어떤 도움을 주었나요? 그때의 생각이나 느낌을 적어보세요

😊 감정일기

• 오늘 나의 감정날씨　☀ 🌤 ⛅ 🌦 🌧 ⚡ ❄　(　　　　　　　　　　　　　　　)

• 오늘 나에게 강한 감정을 불러일으킨 상황

• 그때 떠오른 생각이나 느낌

• 그때 내가 느낀 몸과 마음의 상태　😞 -5 -4 -3 -2 -1 0 +1 +2 +3 +4 +5 😄

• 이 일에 대한 나의 반응

• 이 일을 통해 깨달은 것이 있다면? 앞으로 이런 일이 일어난다면 되도록 어떻게 하면 좋을까요?

• 오늘 나의 행복지수　😞 -5 -4 -3 -2 -1 0 +1 +2 +3 +4 +5 😄

Note

기억은 달라질 수 있습니다. 지금 떠오르는 기억과 몇 달, 또는 몇 년 후의 주요 사건들과 등장인물, 생각과 느낌 등이 달라질 수 있다는 것이지요. 옷장이나 서랍을 정리하듯 우리 머리와 마음 속 기억을 정리해봅시다.

😊 운동일기   • 오늘 내가 한 운동 (   )   • 운동 시간 : 아침 · 낮 · 저녁 · 밤 (분)

              • 운동 후 생각이나 느낌

😊 다행일기   나는 ~(아니)라서 다행이다 / 나는 비록 ~지만 ~(아니)라서 다행이다

😊 감사일기   오늘 가장 고마웠던 한 사람을 떠올리고, 그 사람에게 짤막한 감사의 글을 적어보세요

😊 선행일기   오늘 나는 다른 사람에게 어떤 도움을 주었나요? 그때의 생각이나 느낌을 적어보세요

🌼 감정일기

- 오늘 나의 감정날씨   ☀ ⛅ ☁ 🌧 🌫 ⚡ ❄   (   )

- 오늘 나에게 강한 감정을 불러일으킨 상황

- 그때 떠오른 생각이나 느낌

- 그때 내가 느낀 몸과 마음의 상태   ☹ -5 -4 -3 -2 -1 0 +1 +2 +3 +4 +5 😆

- 이 일에 대한 나의 반응

- 이 일을 통해 깨달은 것이 있다면? 앞으로 이런 일이 일어난다면 되도록 어떻게 하면 좋을까요?

- 오늘 나의 행복지수   ☹ -5 -4 -3 -2 -1 0 +1 +2 +3 +4 +5 😄

Note

만약 당신이 옆 사람들을 도와주고 싶은 마음이 생긴다면, 당신 마음이 치유되고 있다는 증거입니다. 사람들은 자신의 깊은 내면이 치유될 때 비로소 주위 사람들을 둘러볼 여유가 생기지만, 내가 먼저 주변 사람들을 돌보며 선한 행동을 할 때 내면의 치유가 일어나기도 합니다.

운동일기　　　· 오늘 내가 한 운동 (　　　　　　　　)　　· 운동 시간 : 아침 · 낮 · 저녁 · 밤 (　　　　분)

　　　　　　　　· 운동 후 생각이나 느낌

다행일기　　나는 ~(아니)라서 다행이다 / 나는 비록 ~지만 ~(아니)라서 다행이다

감사일기　　오늘 가장 고마웠던 한 사람을 떠올리고, 그 사람에게 짤막한 감사의 글을 적어보세요

선행일기　　오늘 나는 다른 사람에게 어떤 도움을 주었나요? 그때의 생각이나 느낌을 적어보세요

감정일기

- 오늘 나의 감정날씨 ☀ ⛅ ☁ 🌦 🌧 ⚡ ❄ (   )

- 오늘 나에게 강한 감정을 불러일으킨 상황

- 그때 떠오른 생각이나 느낌

- 그때 내가 느낀 몸과 마음의 상태   ☹ -5 -4 -3 -2 -1 0 +1 +2 +3 +4 +5 😄

- 이 일에 대한 나의 반응

- 이 일을 통해 깨달은 것이 있다면? 앞으로 이런 일이 일어난다면 되도록 어떻게 하면 좋을까요?

- 오늘 나의 행복지수   ☹ -5 -4 -3 -2 -1 0 +1 +2 +3 +4 +5 😄

Note

Want List

이번 주에 꼭 하고 싶은 일을 적어보세요
(예 : 나는 영화를 보고 싶다)

1.
2.
3.
4.
5.
6.
7.

한쪽 발은 꿈 위에, 다른 한쪽 발은 현실 위에. - 조벽 교수

Can List

Want list 중에서 실현가능한 내용을 골라 '나는 ~할 수 있다'로 바꿔보세요
(예 : 나는 영화를 볼 수 있다)

1.
2.
3.
4.
5.
6.
7.

Will List

위의 내용을 '나는 ~할 것이다'로 바꿔 적어보세요
(예 : 나는 주말에 영화를 볼 것이다)

1. ....

2. ....

3. ....

4. ....

5. ....

6. ....

7. ....

Imaging & Feeling

위의 일을 했을 때 기분이 어떨지 상상해보고 그때의 느낌이나
몸의 상태를 적어보세요(예 : 삶의 여유가 느껴진다)

1. ....

2. ....

3. ....

4. ....

5. ....

6. ....

7. ....

나에겐 두 명의 주치의가 있다. 바로 왼쪽 다리와 오른쪽 다리이다.
- G. M. 트리벨리언

🧡 운동일기　　• 오늘 내가 한 운동 (　　　　　　　　) 　• 운동 시간 : 아침 • 낮 • 저녁 • 밤 (　　　분)

　　　　　　　• 운동 후 생각이나 느낌

🧡 다행일기　　나는 ~(아니)라서 다행이다 / 나는 비록 ~지만 ~(아니)라서 다행이다

🧡 감사일기　　오늘 가장 고마웠던 한 사람을 떠올리고, 그 사람에게 짤막한 감사의 글을 적어보세요

🧡 선행일기　　오늘 나는 다른 사람에게 어떤 도움을 주었나요? 그때의 생각이나 느낌을 적어보세요

☘ 감정일기

- 오늘 나의 감정날씨 ☀ ⛅ ☁ ☂ ☔ ⚡ ❄ (   )

- 오늘 나에게 강한 감정을 불러일으킨 상황

- 그때 떠오른 생각이나 느낌

- 그때 내가 느낀 몸과 마음의 상태   ☹ -5 -4 -3 -2 -1 0 +1 +2 +3 +4 +5 ☺

- 이 일에 대한 나의 반응

- 이 일을 통해 깨달은 것이 있다면? 앞으로 이런 일이 일어난다면 되도록 어떻게 하면 좋을까요?

- 오늘 나의 행복지수   ☹ -5 -4 -3 -2 -1 0 +1 +2 +3 +4 +5 ☺

Note

가까운 사람이 적어준 나의 장점 목록을 갖고 있으면 비싼 가구나 귀중품을 갖고 있는 것보다 훨씬 마음이 풍요로울 것입니다. 장점을 적은 것을 액자에 넣거나 복사해서 냉장고나 현관문, 욕실문이나 침실에 붙여보세요. 서로의 좋은 점이 자주 눈에 들어와 긍정적인 정서가 쌓이게 될 것입니다.

운동일기   •오늘 내가 한 운동 (   )   •운동 시간 : 아침 · 낮 · 저녁 · 밤 (분)

•운동 후 생각이나 느낌

다행일기   나는 ~(아니)라서 다행이다 / 나는 비록 ~지만 ~(아니)라서 다행이다

감사일기   오늘 가장 고마웠던 한 사람을 떠올리고, 그 사람에게 짤막한 감사의 글을 적어보세요

선행일기   오늘 나는 다른 사람에게 어떤 도움을 주었나요? 그때의 생각이나 느낌을 적어보세요

😊 감정일기

- 오늘 나의 감정날씨 ☀️ ⛅ ☁️ 🌧️ 🌫️ ⚡ ❄️ (   )

- 오늘 나에게 강한 감정을 불러일으킨 상황

- 그때 떠오른 생각이나 느낌

- 그때 내가 느낀 몸과 마음의 상태   😣 -5 -4 -3 -2 -1 0 +1 +2 +3 +4 +5 😄

- 이 일에 대한 나의 반응

- 이 일을 통해 깨달은 것이 있다면? 앞으로 이런 일이 일어난다면 되도록 어떻게 하면 좋을까요?

- 오늘 나의 행복지수   😣 -5 -4 -3 -2 -1 0 +1 +2 +3 +4 +5 😄

Note

선행을 할 때마다 당신은 어둠으로부터 조금씩 더 멀어지면서 빛을 내게 됩니다.
그리고 그 빛은 당신이 세상을 떠난 뒤에도 계속 남아 세상의 어둠을 밀어낼 것입니다.
– 찰스 드 린트

🌝 운동일기   •오늘 내가 한 운동 (   )   •운동 시간 : 아침・낮・저녁・밤 (분)

•운동 후 생각이나 느낌

🌝 다행일기   나는 ~(아니)라서 다행이다 / 나는 비록 ~지만 ~(아니)라서 다행이다

🌝 감사일기   오늘 가장 고마웠던 한 사람을 떠올리고, 그 사람에게 짤막한 감사의 글을 적어보세요

🌝 선행일기   오늘 나는 다른 사람에게 어떤 도움을 주었나요? 그때의 생각이나 느낌을 적어보세요

🧩 감정일기

- 오늘 나의 감정날씨 ☀ ⛅ ☁ 🌧 💨 ⚡ ❄ (   )

- 오늘 나에게 강한 감정을 불러일으킨 상황

- 그때 떠오른 생각이나 느낌

- 그때 내가 느낀 몸과 마음의 상태   ☹ -5 -4 -3 -2 -1 0 +1 +2 +3 +4 +5 😃

- 이 일에 대한 나의 반응

- 이 일을 통해 깨달은 것이 있다면? 앞으로 이런 일이 일어난다면 되도록 어떻게 하면 좋을까요?

- 오늘 나의 행복지수   ☹ -5 -4 -3 -2 -1 0 +1 +2 +3 +4 +5 😃

Note

가트맨 박사의 연구에 의하면 관계의 달인은 관계 속에서 행복감과 안정감을 느낍니다. 그리고 긍정적 표현을 부정적 표현보다 20배 정도 더 많이 합니다. 심지어는 갈등에 처하거나 어떤 주제를 놓고 싸울 때조차도 긍정적 표현을 부정적 상호작용보다 5배나 더 많이 합니다.

🍀 운동일기   • 오늘 내가 한 운동 (   )   • 운동 시간 : 아침 • 낮 • 저녁 • 밤 (분)

                 • 운동 후 생각이나 느낌

🍀 다행일기   나는 ~(아니)라서 다행이다 / 나는 비록 ~지만 ~(아니)라서 다행이다

🍀 감사일기   오늘 가장 고마웠던 한 사람을 떠올리고, 그 사람에게 짤막한 감사의 글을 적어보세요

🍀 선행일기   오늘 나는 다른 사람에게 어떤 도움을 주었나요? 그때의 생각이나 느낌을 적어보세요

💚 감정일기

- 오늘 나의 감정날씨 ☀ ⛅ ☁ 🌧 🌬 ⚡ ❄ (   )

- 오늘 나에게 강한 감정을 불러일으킨 상황

- 그때 떠오른 생각이나 느낌

- 그때 내가 느낀 몸과 마음의 상태 😞 -5 -4 -3 -2 -1 0 +1 +2 +3 +4 +5 😄

- 이 일에 대한 나의 반응

- 이 일을 통해 깨달은 것이 있다면? 앞으로 이런 일이 일어난다면 되도록 어떻게 하면 좋을까요?

- 오늘 나의 행복지수 😞 -5 -4 -3 -2 -1 0 +1 +2 +3 +4 +5 😄

Note

'하기 싫지만 해야 하는 일'을 할 때는 '그 일을 하면 ~을 할 수 있다, 그렇게 되면 또 ~을 할 수 있다. 그렇게 되면 ~도 할 수 있다' 등으로 그 일을 하면 생길 좋은 일들을 연상해보세요.

💚 운동일기   • 오늘 내가 한 운동 (   )   • 운동 시간 : 아침 · 낮 · 저녁 · 밤 (분)

• 운동 후 생각이나 느낌

💚 다행일기   나는 ~(아니)라서 다행이다 / 나는 비록 ~지만 ~(아니)라서 다행이다

💚 감사일기   오늘 가장 고마웠던 한 사람을 떠올리고, 그 사람에게 짤막한 감사의 글을 적어보세요

💚 선행일기   오늘 나는 다른 사람에게 어떤 도움을 주었나요? 그때의 생각이나 느낌을 적어보세요

💚 감정일기

• 오늘 나의 감정날씨 ☼ ⛅ ☁ 🌧 💨 ⚡ ❄ (   )

• 오늘 나에게 강한 감정을 불러일으킨 상황

• 그때 떠오른 생각이나 느낌

• 그때 내가 느낀 몸과 마음의 상태   ☹ -5 -4 -3 -2 -1 0 +1 +2 +3 +4 +5 😄

• 이 일에 대한 나의 반응

• 이 일을 통해 깨달은 것이 있다면? 앞으로 이런 일이 일어난다면 되도록 어떻게 하면 좋을까요?

• 오늘 나의 행복지수 ☹ -5 -4 -3 -2 -1 0 +1 +2 +3 +4 +5 😄

Note

Date   ·   ·

인생에서 우리는 모두 큰 바구니를 하나씩 옆구리에 끼고 있습니다. 그리고 매일 소중하다고 생각되는 것을 하나둘씩 바구니에 챙겨 담고 있습니다. 우리가 인생의 황혼기에 가득 찬 바구니를 들여다본다면, 어떤 것들이 있을지 잠시 상상해봅시다. – 조벽

🌸 **운동일기**　•오늘 내가 한 운동 (　　　　　　　)　•운동 시간 : 아침·낮·저녁·밤 (　　　분)

　　　　　　•운동 후 생각이나 느낌

🌸 **다행일기**　나는 ~(아니)라서 다행이다 / 나는 비록 ~지만 ~(아니)라서 다행이다

🌸 **감사일기**　오늘 가장 고마웠던 한 사람을 떠올리고, 그 사람에게 짤막한 감사의 글을 적어보세요

🌸 **선행일기**　오늘 나는 다른 사람에게 어떤 도움을 주었나요? 그때의 생각이나 느낌을 적어보세요

감정일기

• 오늘 나의 감정날씨 ☼ ⛅ ☁ 🌦 🌧 ⚡ ❄ (　　　　　　　　　　)

• 오늘 나에게 강한 감정을 불러일으킨 상황

• 그때 떠오른 생각이나 느낌

• 그때 내가 느낀 몸과 마음의 상태 ☹ -5 -4 -3 -2 -1 0 +1 +2 +3 +4 +5 😀

• 이 일에 대한 나의 반응

• 이 일을 통해 깨달은 것이 있다면? 앞으로 이런 일이 일어난다면 되도록 어떻게 하면 좋을까요?

• 오늘 나의 행복지수 ☹ -5 -4 -3 -2 -1 0 +1 +2 +3 +4 +5 😀

Note

깊은 물에 빠진 다음 수영 연습을 하지 않듯이 긍정적인 생각도 마찬가지입니다. 평소에 긍정적으로 생각하는 훈련을 해두면 힘든 일이 덮쳐왔을 때 보다 쉽게 헤쳐 나올 수 있습니다.

🌸 **운동일기**　· 오늘 내가 한 운동 (　　　　　　　　) 　· 운동 시간 : 아침 · 낮 · 저녁 · 밤 (　　　분)

　　　　　　· 운동 후 생각이나 느낌

🌸 **다행일기**　나는 ~(아니)라서 다행이다 / 나는 비록 ~지만 ~(아니)라서 다행이다

🌸 **감사일기**　오늘 가장 고마웠던 한 사람을 떠올리고, 그 사람에게 짤막한 감사의 글을 적어보세요

🌸 **선행일기**　오늘 나는 다른 사람에게 어떤 도움을 주었나요? 그때의 생각이나 느낌을 적어보세요

감정일기

- 오늘 나의 감정날씨　☼　⛅　☁　🌧　🌦　⚡　❄　(　　　　　　　　　　　　)

- 오늘 나에게 강한 감정을 불러일으킨 상황

- 그때 떠오른 생각이나 느낌

- 그때 내가 느낀 몸과 마음의 상태　☹　-5　-4　-3　-2　-1　0　+1　+2　+3　+4　+5　😄

- 이 일에 대한 나의 반응

- 이 일을 통해 깨달은 것이 있다면? 앞으로 이런 일이 일어난다면 되도록 어떻게 하면 좋을까요?

- 오늘 나의 행복지수　☹　-5　-4　-3　-2　-1　0　+1　+2　+3　+4　+5　😄

Note

Want List

이번 주에 꼭 하고 싶은 일을 적어보세요
(예 : 나는 영화를 보고 싶다)

1.
2.
3.
4.
5.
6.
7.

한쪽 발은 꿈 위에, 다른 한쪽 발은 현실 위에. - 조벽 교수

Can List

Want list 중에서 실현가능한 내용을 골라 '나는 ~할 수 있다'로 바꿔보세요
(예 : 나는 영화를 볼 수 있다)

1.
2.
3.
4.
5.
6.
7.

Will List

Can list 의 내용을 '나는 ~할 것이다'로 바꿔 적어보세요
(예 : 나는 주말에 영화를 볼 것이다)

1. _____
2. _____
3. _____
4. _____
5. _____
6. _____
7. _____

Imaging & Feeling

위의 일을 했을 때 기분이 어떨지 상상해보고 그때의 느낌이나
몸의 상태를 적어보세요(예 : 삶의 여유가 느껴진다)

1. _____
2. _____
3. _____
4. _____
5. _____
6. _____
7. _____

사랑은 생존지능입니다. 사랑, 자비, 용서, 공감, 배려, 온정과 같은 품성은 배우고 연습하고 발달
시켜야 할 생존지능입니다.

😊 운동일기　　•오늘 내가 한 운동 (　　　　　　　　　)　•운동 시간 : 아침•낮•저녁•밤 (　　　분)

　　　　　　　•운동 후 생각이나 느낌

😊 다행일기　　나는 ~(아니)라서 다행이다 / 나는 비록 ~지만 ~(아니)라서 다행이다

😊 감사일기　　오늘 가장 고마웠던 한 사람을 떠올리고, 그 사람에게 짤막한 감사의 글을 적어보세요

😊 선행일기　　오늘 나는 다른 사람에게 어떤 도움을 주었나요? 그때의 생각이나 느낌을 적어보세요

🎭 감정일기

- 오늘 나의 감정날씨 ☀ ⛅ ☁ 🌧 🌦 ⚡ ❄ (   )

- 오늘 나에게 강한 감정을 불러일으킨 상황

- 그때 떠오른 생각이나 느낌

- 그때 내가 느낀 몸과 마음의 상태   ☹ -5 -4 -3 -2 -1 0 +1 +2 +3 +4 +5 😄

- 이 일에 대한 나의 반응

- 이 일을 통해 깨달은 것이 있다면? 앞으로 이런 일이 일어난다면 되도록 어떻게 하면 좋을까요?

- 오늘 나의 행복지수   ☹ -5 -4 -3 -2 -1 0 +1 +2 +3 +4 +5 😄

Note

위대한 사람은 단번에 그와 같이 높은 곳에 뛰어오른 것이 아니다. 많은 사람들이 밤에 단잠을 잘 적에 그는 일어나서 괴로움을 이기고 일에 몰두했던 것이다. 인생은 자고 쉬는 데 있는 것이 아니라 한 걸음 한 걸음 걸어가는 그 속에 있다. – 로버트 브라우닝

☻ 운동일기   • 오늘 내가 한 운동 (   )   • 운동 시간 : 아침 · 낮 · 저녁 · 밤 (분)

             • 운동 후 생각이나 느낌

☻ 다행일기   나는 ~(아니)라서 다행이다 / 나는 비록 ~지만 ~(아니)라서 다행이다

☻ 감사일기   오늘 가장 고마웠던 한 사람을 떠올리고, 그 사람에게 짤막한 감사의 글을 적어보세요

☻ 선행일기   오늘 나는 다른 사람에게 어떤 도움을 주었나요? 그때의 생각이나 느낌을 적어보세요

😊 감정일기

- 오늘 나의 감정날씨   ☀️ 🌤️ ☁️ 🌧️ 🌬️ ⚡ ❄️   (   )

- 오늘 나에게 강한 감정을 불러일으킨 상황

- 그때 떠오른 생각이나 느낌

- 그때 내가 느낀 몸과 마음의 상태   ☹️ -5 -4 -3 -2 -1 0 +1 +2 +3 +4 +5 😄

- 이 일에 대한 나의 반응

- 이 일을 통해 깨달은 것이 있다면? 앞으로 이런 일이 일어난다면 되도록 어떻게 하면 좋을까요?

- 오늘 나의 행복지수   ☹️ -5 -4 -3 -2 -1 0 +1 +2 +3 +4 +5 😄

Note

사고를 긍정적으로 바꾸는 좋은 방법 중 하나는 '장점 찾기'와 '다행일기'를 쓰는 것입니다. 뇌과학자들에 따르면, 긍정적인 말과 행동을 단 2주 만 해도 행복감을 느낄 때 활성화되는 부위인 좌뇌의 전전두엽 피질이 증가하고 스트레스가 낮아진다고 합니다.

🌀 운동일기   •오늘 내가 한 운동 (   )   •운동 시간 : 아침 • 낮 • 저녁 • 밤 (분)

                 •운동 후 생각이나 느낌

🌀 다행일기   나는 ~(아니)라서 다행이다 / 나는 비록 ~지만 ~(아니)라서 다행이다

🌀 감사일기   오늘 가장 고마웠던 한 사람을 떠올리고, 그 사람에게 짤막한 감사의 글을 적어보세요

🌀 선행일기   오늘 나는 다른 사람에게 어떤 도움을 주었나요? 그때의 생각이나 느낌을 적어보세요

감정일기

• 오늘 나의 감정날씨 ☀ ⛅ ☁ 🌧 🌦 ⚡ ❄ (   )

• 오늘 나에게 강한 감정을 불러일으킨 상황

• 그때 떠오른 생각이나 느낌

• 그때 내가 느낀 몸과 마음의 상태   ☹ -5 -4 -3 -2 -1 0 +1 +2 +3 +4 +5 😄

• 이 일에 대한 나의 반응

• 이 일을 통해 깨달은 것이 있다면? 앞으로 이런 일이 일어난다면 되도록 어떻게 하면 좋을까요?

• 오늘 나의 행복지수   ☹ -5 -4 -3 -2 -1 0 +1 +2 +3 +4 +5 😄

Note

눈 덮힌 들판을 걸어갈 때 발걸음을 하나라도 어지럽히지 마라
오늘 내가 가는 이 길은 뒷사람의 이정표가 될 것이므로. – 백범 김구

운동일기　　　· 오늘 내가 한 운동 (　　　　　　　)　　· 운동 시간 : 아침 · 낮 · 저녁 · 밤 (　　　분)

　　　　　　　· 운동 후 생각이나 느낌

다행일기　　　나는 ~(아니)라서 다행이다 / 나는 비록 ~지만 ~(아니)라서 다행이다

감사일기　　　오늘 가장 고마웠던 한 사람을 떠올리고, 그 사람에게 짤막한 감사의 글을 적어보세요

선행일기　　　오늘 나는 다른 사람에게 어떤 도움을 주었나요? 그때의 생각이나 느낌을 적어보세요

감정일기

- 오늘 나의 감정날씨 ☀ ⛅ ☁ 🌦 ☂ ⚡ ❄ (   )

- 오늘 나에게 강한 감정을 불러일으킨 상황

- 그때 떠오른 생각이나 느낌

- 그때 내가 느낀 몸과 마음의 상태 ☹ -5 -4 -3 -2 -1 0 +1 +2 +3 +4 +5 😄

- 이 일에 대한 나의 반응

- 이 일을 통해 깨달은 것이 있다면? 앞으로 이런 일이 일어난다면 되도록 어떻게 하면 좋을까요?

- 오늘 나의 행복지수 ☹ -5 -4 -3 -2 -1 0 +1 +2 +3 +4 +5 😄

Note

심장은 자체에 복잡한 신경체계가 있고 이를 심장두뇌라고 합니다. 심상에서 두뇌로 가는 정보량은 두뇌에서 심장으로 가는 정보량보다 10배 정도 많습니다. 첨단과학은 심장이 단순히 혈액만을 공급하는 것이 아니라 감정을 통해 두뇌와 정교하게 의사소통을 한다는 사실을 밝혀냈습니다.

🐾 운동일기　　· 오늘 내가 한 운동 (　　　　　　　　)　· 운동 시간 : 아침 · 낮 · 저녁 · 밤 (　　분)

　　　　　　　　· 운동 후 생각이나 느낌

🐾 다행일기　　나는 ~(아니)라서 다행이다 / 나는 비록 ~지만 ~(아니)라서 다행이다

🐾 감사일기　　오늘 가장 고마웠던 한 사람을 떠올리고, 그 사람에게 짧막한 감사의 글을 적어보세요

🐾 선행일기　　오늘 나는 다른 사람에게 어떤 도움을 주었나요? 그때의 생각이나 느낌을 적어보세요

😊 감정일기

- 오늘 나의 감정날씨   ☀ ⛅ ☁ 🌧 🌦 ⚡ ❄   (   )

- 오늘 나에게 강한 감정을 불러일으킨 상황

- 그때 떠오른 생각이나 느낌

- 그때 내가 느낀 몸과 마음의 상태   ☹ -5 -4 -3 -2 -1 0 +1 +2 +3 +4 +5 😄

- 이 일에 대한 나의 반응

- 이 일을 통해 깨달은 것이 있다면? 앞으로 이런 일이 일어난다면 되도록 어떻게 하면 좋을까요?

- 오늘 나의 행복지수   ☹ -5 -4 -3 -2 -1 0 +1 +2 +3 +4 +5 😃

Note

신뢰는 서로가 상대방을 위해 기꺼이 자기 행동을 바꾸려고 할 때 생기는 구체적인 상태입니다. 희생하는 것이 아니라 두 사람의 행복이 서로 얽혀 있다는 것을 의미합니다. 그래서 신뢰가 높을수록 서로를 더 보호해주고 잘 돌봅니다.

🌑 운동일기　　・오늘 내가 한 운동 (　　　　　　　　　)　　・운동 시간 : 아침・낮・저녁・밤 (　　　분)

　　　　　　　　・운동 후 생각이나 느낌

🌑 다행일기　　나는 ~(아니)라서 다행이다 / 나는 비록 ~지만 ~(아니)라서 다행이다

🌑 감사일기　　오늘 가장 고마웠던 한 사람을 떠올리고, 그 사람에게 짤막한 감사의 글을 적어보세요

🌑 선행일기　　오늘 나는 다른 사람에게 어떤 도움을 주었나요? 그때의 생각이나 느낌을 적어보세요

감정일기

- 오늘 나의 감정날씨 ☀ ⛅ ☁ 🌦 💨 ⚡ ❄ (   )

- 오늘 나에게 강한 감정을 불러일으킨 상황

- 그때 떠오른 생각이나 느낌

- 그때 내가 느낀 몸과 마음의 상태   ☹ -5 -4 -3 -2 -1 0 +1 +2 +3 +4 +5 😄

- 이 일에 대한 나의 반응

- 이 일을 통해 깨달은 것이 있다면? 앞으로 이런 일이 일어난다면 되도록 어떻게 하면 좋을까요?

- 오늘 나의 행복지수   ☹ -5 -4 -3 -2 -1 0 +1 +2 +3 +4 +5 😄

Note

감정은 모든 행동의 원천입니다. 감정이 없으면 좋거나 싫은 것이 없어지기 때문에 무엇을 더 중요하게 여길지도 모르게 됩니다.

❂ 운동일기   • 오늘 내가 한 운동 (   )   • 운동 시간 : 아침 • 낮 • 저녁 • 밤 (분)

• 운동 후 생각이나 느낌

❂ 다행일기   나는 ~(아니)라서 다행이다 / 나는 비록 ~지만 ~(아니)라서 다행이다

❂ 감사일기   오늘 가장 고마웠던 한 사람을 떠올리고, 그 사람에게 짤막한 감사의 글을 적어보세요

❂ 선행일기   오늘 나는 다른 사람에게 어떤 도움을 주었나요? 그때의 생각이나 느낌을 적어보세요

감정일기

- 오늘 나의 감정날씨   ☀ ⛅ ☁ 🌧 🌦 ⚡ ❄   (   )

- 오늘 나에게 강한 감정을 불러일으킨 상황

- 그때 떠오른 생각이나 느낌

- 그때 내가 느낀 몸과 마음의 상태   ☹ -5 -4 -3 -2 -1 0 +1 +2 +3 +4 +5 😄

- 이 일에 대한 나의 반응

- 이 일을 통해 깨달은 것이 있다면? 앞으로 이런 일이 일어난다면 되도록 어떻게 하면 좋을까요?

- 오늘 나의 행복지수   ☹ -5 -4 -3 -2 -1 0 +1 +2 +3 +4 +5 😄

Note

Want List

이번 주에 꼭 하고 싶은 일을 적어보세요
(예 : 나는 영화를 보고 싶다)

1. ....
2. ....
3. ....
4. ....
5. ....
6. ....
7. ....

한쪽 발은 꿈 위에, 다른 한쪽 발은 현실 위에. - 조벽 교수

Can List

Want list 중에서 실현가능한 내용을 골라 '나는 ~할 수 있다'로 바꿔보세요
(예 : 나는 영화를 볼 수 있다)

1. ....
2. ....
3. ....
4. ....
5. ....
6. ....
7. ....

Will List

Can list 의 내용을 '나는 ~할 것이다'로 바꿔 적어보세요
(예 : 나는 주말에 영화를 볼 것이다)

1.
2.
3.
4.
5.
6.
7.

Imaging & Feeling

위의 일을 했을 때 기분이 어떨지 상상해보고 그때의 느낌이나
몸의 상태를 적어보세요(예 : 삶의 여유가 느껴진다)

1.
2.
3.
4.
5.
6.
7.

앞으로 일주일 정도만이라도 아침에 눈을 뜨면 자신이 하고 싶은 일이 뭔지 생각해보세요. 그리고 생각나는 대로 적어봅니다. 그다음에 그 가운데 자기가 할 수 있는 일들을 상상해보고, 상상했을 때 기쁘고 즐겁고 행복하고 보람 있게 느껴진다면 그 일을 하면 됩니다.

🍀 운동일기　　　• 오늘 내가 한 운동 (　　　　　　　　)　　• 운동 시간 : 아침 · 낮 · 저녁 · 밤 (　　　분)

　　　　　　　　• 운동 후 생각이나 느낌

🍀 다행일기　　　나는 ~(아니)라서 다행이다 / 나는 비록 ~지만 ~(아니)라서 다행이다

🍀 감사일기　　　오늘 가장 고마웠던 한 사람을 떠올리고, 그 사람에게 짤막한 감사의 글을 적어보세요

🍀 선행일기　　　오늘 나는 다른 사람에게 어떤 도움을 주었나요? 그때의 생각이나 느낌을 적어보세요

💡 감정일기

- 오늘 나의 감정날씨   ☀ 🌤 ☁ 🌧 🌦 ⚡ ❄   (   )

- 오늘 나에게 강한 감정을 불러일으킨 상황

- 그때 떠오른 생각이나 느낌

- 그때 내가 느낀 몸과 마음의 상태   ☹ -5 -4 -3 -2 -1 0 +1 +2 +3 +4 +5 😄

- 이 일에 대한 나의 반응

- 이 일을 통해 깨달은 것이 있다면? 앞으로 이런 일이 일어난다면 되도록 어떻게 하면 좋을까요?

- 오늘 나의 행복지수   ☹ -5 -4 -3 -2 -1 0 +1 +2 +3 +4 +5 😄

Note

관계의 기초는 서로의 내면을 아는 것입니다. 그리고 이미 형성되어 있는 관계 속에서도 끊임없이 상대에 대해 관심을 기울이고 알려고 하는 노력이 필요합니다. 이것을 존 가트맨 박사는 '사랑의 지도'를 그린다고 표현하였습니다.

🌱 **운동일기**　　· 오늘 내가 한 운동 (　　　　　　　　　) 　· 운동 시간 : 아침 · 낮 · 저녁 · 밤 (　　　분)

　　　　　　　　· 운동 후 생각이나 느낌

🌱 **다행일기**　　나는 ~(아니)라서 다행이다 / 나는 비록 ~지만 ~(아니)라서 다행이다

🌱 **감사일기**　　오늘 가장 고마웠던 한 사람을 떠올리고, 그 사람에게 짤막한 감사의 글을 적어보세요

🌱 **선행일기**　　오늘 나는 다른 사람에게 어떤 도움을 주었나요? 그때의 생각이나 느낌을 적어보세요

😊 감정일기

• 오늘 나의 감정날씨 ☀ 🌤 ☁ 🌧 💨 ⚡ ❄ (   )

• 오늘 나에게 강한 감정을 불러일으킨 상황

• 그때 떠오른 생각이나 느낌

• 그때 내가 느낀 몸과 마음의 상태 😟 -5 -4 -3 -2 -1 0 +1 +2 +3 +4 +5 😄

• 이 일에 대한 나의 반응

• 이 일을 통해 깨달은 것이 있다면? 앞으로 이런 일이 일어난다면 되도록 어떻게 하면 좋을까요?

• 오늘 나의 행복지수 😟 -5 -4 -3 -2 -1 0 +1 +2 +3 +4 +5 😄

Note

작은 일에 감사하는 모습은 그 사람을 돋보이게 만든다.
왜냐면 그런 사람이 매우 적기 때문이다.

💟 운동일기   · 오늘 내가 한 운동 (   )   · 운동 시간 : 아침 · 낮 · 저녁 · 밤 (분)

· 운동 후 생각이나 느낌

💟 다행일기   나는 ~(아니)라서 다행이다 / 나는 비록 ~지만 ~(아니)라서 다행이다

💟 감사일기   오늘 가장 고마웠던 한 사람을 떠올리고, 그 사람에게 짤막한 감사의 글을 적어보세요

💟 선행일기   오늘 나는 다른 사람에게 어떤 도움을 주었나요? 그때의 생각이나 느낌을 적어보세요

💠 감정일기

- 오늘 나의 감정날씨 ☀ ⛅ ☁ 🌧 🌬 ⚡ ❄ (   )

- 오늘 나에게 강한 감정을 불러일으킨 상황

- 그때 떠오른 생각이나 느낌

- 그때 내가 느낀 몸과 마음의 상태 ☹ -5 -4 -3 -2 -1 0 +1 +2 +3 +4 +5 😄

- 이 일에 대한 나의 반응

- 이 일을 통해 깨달은 것이 있다면? 앞으로 이런 일이 일어난다면 되도록 어떻게 하면 좋을까요?

- 오늘 나의 행복지수 ☹ -5 -4 -3 -2 -1 0 +1 +2 +3 +4 +5 😄

Note

꿈은 머리로 냉철하게 이것저것 따져서 생각하는 것이 아니라 가슴에 뜨겁게 품는 것입니다.

 운동일기   • 오늘 내가 한 운동 (   )   • 운동 시간 : 아침 • 낮 • 저녁 • 밤 (분)

                        • 운동 후 생각이나 느낌

😊 다행일기   나는 ~(아니)라서 다행이다 / 나는 비록 ~지만 ~(아니)라서 다행이다

😊 감사일기   오늘 가장 고마웠던 한 사람을 떠올리고, 그 사람에게 짤막한 감사의 글을 적어보세요

😊 선행일기   오늘 나는 다른 사람에게 어떤 도움을 주었나요? 그때의 생각이나 느낌을 적어보세요

🍀 감정일기

- 오늘 나의 감정날씨 ☀ 🌤 ☁ 🌦 🌫 ⚡ ❄ (   )

- 오늘 나에게 강한 감정을 불러일으킨 상황

- 그때 떠오른 생각이나 느낌

- 그때 내가 느낀 몸과 마음의 상태   ☹ -5 -4 -3 -2 -1 0 +1 +2 +3 +4 +5 😄

- 이 일에 대한 나의 반응

- 이 일을 통해 깨달은 것이 있다면? 앞으로 이런 일이 일어난다면 되도록 어떻게 하면 좋을까요?

- 오늘 나의 행복지수   ☹ -5 -4 -3 -2 -1 0 +1 +2 +3 +4 +5 😄

Note

글쓰기는 스트레스 감소와 면역력 증강에 효과적입니다. 쉽고, 비용이 거의 들지 않고, 혼자서도 할 수 있는 치료법이며 여러 연구에 의해 그 효과가 입증되었습니다. 방법은 간단합니다. 스트레스를 겪은 일에 대해 깊은 감정과 생각을 쓰고 싶은 대로 다 적어보는 것입니다. 그것뿐입니다.

🍀 운동일기   • 오늘 내가 한 운동 (   )   • 운동 시간 : 아침 • 낮 • 저녁 • 밤 (분)

                • 운동 후 생각이나 느낌

🍀 다행일기   나는 ~(아니)라서 다행이다 / 나는 비록 ~지만 ~(아니)라서 다행이다

🍀 감사일기   오늘 가장 고마웠던 한 사람을 떠올리고, 그 사람에게 짤막한 감사의 글을 적어보세요

🍀 선행일기   오늘 나는 다른 사람에게 어떤 도움을 주었나요? 그때의 생각이나 느낌을 적어보세요

감정일기

- 오늘 나의 감정날씨 ☀ 🌤 ☁ 🌦 🌫 ⚡ ❄ (   )

- 오늘 나에게 강한 감정을 불러일으킨 상황

- 그때 떠오른 생각이나 느낌

- 그때 내가 느낀 몸과 마음의 상태   ☹ -5 -4 -3 -2 -1 0 +1 +2 +3 +4 +5 😄

- 이 일에 대한 나의 반응

- 이 일을 통해 깨달은 것이 있다면? 앞으로 이런 일이 일어난다면 되도록 어떻게 하면 좋을까요?

- 오늘 나의 행복지수   ☹ -5 -4 -3 -2 -1 0 +1 +2 +3 +4 +5 😄

Note

사랑한다는 것은 정지되어 있는 것이 아니다. 시간에 걸쳐 사랑은 싶어진다. 서로에게 성신없이 열중하며 서로에게 홀리는 것은 부분적으로 그 사람의 겉모습에 열광하는 상태이며 서로에 대해 아는 것이 없기 때문이다. – 존 가트맨

 운동일기 • 오늘 내가 한 운동 ( ) • 운동 시간 : 아침 • 낮 • 저녁 • 밤 (분)

• 운동 후 생각이나 느낌

 다행일기 나는 ~(아니)라서 다행이다 / 나는 비록 ~지만 ~(아니)라서 다행이다

 감사일기 오늘 가장 고마웠던 한 사람을 떠올리고, 그 사람에게 짤막한 감사의 글을 적어보세요

 선행일기 오늘 나는 다른 사람에게 어떤 도움을 주었나요? 그때의 생각이나 느낌을 적어보세요

감정일기

- 오늘 나의 감정날씨 ☼ ⛅ ☁ ☂ ☔ ⚡ ❄ (   )

- 오늘 나에게 강한 감정을 불러일으킨 상황

- 그때 떠오른 생각이나 느낌

- 그때 내가 느낀 몸과 마음의 상태 ☹ -5 -4 -3 -2 -1 0 +1 +2 +3 +4 +5 😄

- 이 일에 대한 나의 반응

- 이 일을 통해 깨달은 것이 있다면? 앞으로 이런 일이 일어난다면 되도록 어떻게 하면 좋을까요?

- 오늘 나의 행복지수 ☹ -5 -4 -3 -2 -1 0 +1 +2 +3 +4 +5 😄

Note

대학 재학 이상의 176명을 대상으로 스탠퍼드대학 연구진이 창의력 실험을 하였습니다. 앉아 있을 때와 걷고 있을 때 창의력을 측정하는 질문을 던졌는데, 대부분 걸을 때 창의적인 답변이 평균 2배 이상 많이 나왔습니다.

운동일기　　• 오늘 내가 한 운동 (　　　　　　　　　)　　• 운동 시간 : 아침 · 낮 · 저녁 · 밤 (　　　분)

　　　　　　　• 운동 후 생각이나 느낌

다행일기　　나는 ~(아니)라서 다행이다 / 나는 비록 ~지만 ~(아니)라서 다행이다

감사일기　　오늘 가장 고마웠던 한 사람을 떠올리고, 그 사람에게 짤막한 감사의 글을 적어보세요

선행일기　　오늘 나는 다른 사람에게 어떤 도움을 주었나요? 그때의 생각이나 느낌을 적어보세요

😊 감정일기

- 오늘 나의 감정날씨 ☀ ⛅ ☁ 🌧 💨 ⚡ ❄ (   )

- 오늘 나에게 강한 감정을 불러일으킨 상황

- 그때 떠오른 생각이나 느낌

- 그때 내가 느낀 몸과 마음의 상태   ☹ -5 -4 -3 -2 -1 0 +1 +2 +3 +4 +5 😄

- 이 일에 대한 나의 반응

- 이 일을 통해 깨달은 것이 있다면? 앞으로 이런 일이 일어난다면 되도록 어떻게 하면 좋을까요?

- 오늘 나의 행복지수   ☹ -5 -4 -3 -2 -1 0 +1 +2 +3 +4 +5 😄

Note

Want List

이번 주에 꼭 하고 싶은 일을 적어보세요
(예 : 나는 영화를 보고 싶다)

1. ....
2. ....
3. ....
4. ....
5. ....
6. ....
7. ....

한쪽 발은 꿈 위에, 다른 한쪽 발은 현실 위에. - 조벽 교수

Can List

Want list 중에서 실현가능한 내용을 골라 '나는 ~할 수 있다'로 바꿔보세요
(예 : 나는 영화를 볼 수 있다)

1. ....
2. ....
3. ....
4. ....
5. ....
6. ....
7. ....

Will List

Can list 의 내용을 '나는 ~할 것이다'로 바꿔 적어보세요
(예 : 나는 주말에 영화를 볼 것이다)

1. ....
2. ....
3. ....
4. ....
5. ....
6. ....
7. ....

Imaging & Feeling

위의 일을 했을 때 기분이 어떨지 상상해보고 그때의 느낌이나
몸의 상태를 적어보세요(예 : 삶의 여유가 느껴진다)

1. ....
2. ....
3. ....
4. ....
5. ....
6. ....
7. ....

리더십은 앉아서 배우는 과목이 아니고 현장에서 배우는 교육입니다. 자기가 먹은 밥 그릇 하나라도 개수대로 옮겨놓게 하는 것이 리더십 교육입니다. 고맙다는 말을 하게 하고 먼저 인사하게 하는 것도 리더십 교육입니다. 그 중에서도 최고의 리더십 교육은 '마음을 베푸는 것'입니다. - 조벽

🏵 운동일기　　• 오늘 내가 한 운동 (　　　　　　　)　• 운동 시간 : 아침·낮·저녁·밤 (　　　분)

　　　　　　　• 운동 후 생각이나 느낌

🏵 다행일기　　나는 ~(아니)라서 다행이다 / 나는 비록 ~지만 ~(아니)라서 다행이다

🏵 감사일기　　오늘 가장 고마웠던 한 사람을 떠올리고, 그 사람에게 짤막한 감사의 글을 적어보세요

🏵 선행일기　　오늘 나는 다른 사람에게 어떤 도움을 주었나요? 그때의 생각이나 느낌을 적어보세요

💱 감정일기

- 오늘 나의 감정날씨 ☼ ⛅ ☁ ☔ 🌫 ⚡ ❄ (   )

- 오늘 나에게 강한 감정을 불러일으킨 상황

- 그때 떠오른 생각이나 느낌

- 그때 내가 느낀 몸과 마음의 상태   ☹ -5 -4 -3 -2 -1 0 +1 +2 +3 +4 +5 😄

- 이 일에 대한 나의 반응

- 이 일을 통해 깨달은 것이 있다면? 앞으로 이런 일이 일어난다면 되도록 어떻게 하면 좋을까요?

- 오늘 나의 행복지수   ☹ -5 -4 -3 -2 -1 0 +1 +2 +3 +4 +5 😄

Note

어린이 마음속에 선천적으로 타고난 경이감이 죽지 않고 살아있게 하려면 우리가 사는 세상의 신비, 환희, 그리고 즐거움을 재발견하며 그 경이감을 함께 느껴줄 어른이 최소한 한 명 늘 곁에 있어주어야 한다. – 레이첼 카슨

🌼 **운동일기** · 오늘 내가 한 운동 (　　　　　　　　) · 운동 시간 : 아침 · 낮 · 저녁 · 밤 (　　분)

· 운동 후 생각이나 느낌

🌼 **다행일기** 나는 ~(아니)라서 다행이다 / 나는 비록 ~지만 ~(아니)라서 다행이다

🌼 **감사일기** 오늘 가장 고마웠던 한 사람을 떠올리고, 그 사람에게 짤막한 감사의 글을 적어보세요

🌼 **선행일기** 오늘 나는 다른 사람에게 어떤 도움을 주었나요? 그때의 생각이나 느낌을 적어보세요

😊 감정일기

• 오늘 나의 감정날씨 ☀ ⛅ ☁ 🌧 🌦 ⚡ ❄ (   )

• 오늘 나에게 강한 감정을 불러일으킨 상황

• 그때 떠오른 생각이나 느낌

• 그때 내가 느낀 몸과 마음의 상태   😟 -5 -4 -3 -2 -1 0 +1 +2 +3 +4 +5 😄

• 이 일에 대한 나의 반응

• 이 일을 통해 깨달은 것이 있다면? 앞으로 이런 일이 일어난다면 되도록 어떻게 하면 좋을까요?

• 오늘 나의 행복지수   😟 -5 -4 -3 -2 -1 0 +1 +2 +3 +4 +5 😄

Note

힘든 일을 겪고 상처입은 사람에게 '시간이 해결해줄 거야'라는 말은 위로처럼 보여도 큰 도움은
되지 않습니다. 어려움을 겪는 사람에게 필요한 것은, 그 시기를 이겨내도록 무한히 격려해주는
단 한 사람입니다. 이야기를 비판 없이 들어주고 감정을 이해해주는 그런 사람이 필요합니다.

😊 운동일기　　• 오늘 내가 한 운동 (　　　　　　)　• 운동 시간 : 아침・낮・저녁・밤　(　　분)

　　　　　　　　• 운동 후 생각이나 느낌

😊 다행일기　　나는 ~(아니)라서 다행이다 / 나는 비록 ~지만 ~(아니)라서 다행이다

😊 감사일기　　오늘 가장 고마웠던 한 사람을 떠올리고, 그 사람에게 짤막한 감사의 글을 적어보세요

😊 선행일기　　오늘 나는 다른 사람에게 어떤 도움을 주었나요? 그때의 생각이나 느낌을 적어보세요

🌱 감정일기

- 오늘 나의 감정날씨 ☀ ⛅ ☁ 🌧 🌬 ⚡ ❄ (   )

- 오늘 나에게 강한 감정을 불러일으킨 상황

- 그때 떠오른 생각이나 느낌

- 그때 내가 느낀 몸과 마음의 상태   ☹ -5 -4 -3 -2 -1 0 +1 +2 +3 +4 +5 😄

- 이 일에 대한 나의 반응

- 이 일을 통해 깨달은 것이 있다면? 앞으로 이런 일이 일어난다면 되도록 어떻게 하면 좋을까요?

- 오늘 나의 행복지수   ☹ -5 -4 -3 -2 -1 0 +1 +2 +3 +4 +5 😄

Note

스탠퍼드대학의 클리포드 니스는 만성 멀티태스킹을 연구하였습니다. 흥미로운 결과가 나왔는데, 멀티태스킹을 잘한다고 하는 사람이 실제 업무능력은 가장 낮았습니다. 한 번에 많은 일을 해야 할 때는 그 일들을 작은 단위로 끊어서 연속적으로 하는 것이 훨씬 효율적입니다.

😊 운동일기 　　•오늘 내가 한 운동 (　　　　　　　　) 　•운동 시간 : 아침・낮・저녁・밤 (　　　분)

　　　　　　　•운동 후 생각이나 느낌

😊 다행일기 　　나는 ~(아니)라서 다행이다 / 나는 비록 ~지만 ~(아니)라서 다행이다

😊 감사일기 　　오늘 가장 고마웠던 한 사람을 떠올리고, 그 사람에게 짤막한 감사의 글을 적어보세요

😊 선행일기 　　오늘 나는 다른 사람에게 어떤 도움을 주었나요? 그때의 생각이나 느낌을 적어보세요

🎴 감정일기

- 오늘 나의 감정날씨 ☀️ 🌤️ ☁️ 🌧️ 🌦️ ⚡ ❄️ (   )

- 오늘 나에게 강한 감정을 불러일으킨 상황

- 그때 떠오른 생각이나 느낌

- 그때 내가 느낀 몸과 마음의 상태   ☹️ -5 -4 -3 -2 -1 0 +1 +2 +3 +4 +5 😄

- 이 일에 대한 나의 반응

- 이 일을 통해 깨달은 것이 있다면? 앞으로 이런 일이 일어난다면 되도록 어떻게 하면 좋을까요?

- 오늘 나의 행복지수   ☹️ -5 -4 -3 -2 -1 0 +1 +2 +3 +4 +5 😄

Note

회복탄력성이 높은 사람이 스트레스를 잘 감당하고 성공적인 삶을 살 수는 있지만 고강도의 스트레스를 오랜 기간 받으면 악영향을 받을 수 있습니다. 그래서 휴식과 재충전이 필요합니다. 용량이 큰 배터리가 용량이 작은 배터리보다 사용 시간은 길더라도 영구적일 수는 없는 것과 비슷합니다.

🌱 **운동일기** • 오늘 내가 한 운동 (   )   • 운동 시간 : 아침 · 낮 · 저녁 · 밤 (분)

  • 운동 후 생각이나 느낌

🌱 **다행일기**   나는 ~(아니)라서 다행이다 / 나는 비록 ~지만 ~(아니)라서 다행이다

🌱 **감사일기**   오늘 가장 고마웠던 한 사람을 떠올리고, 그 사람에게 짤막한 감사의 글을 적어보세요

🌱 **선행일기**   오늘 나는 다른 사람에게 어떤 도움을 주었나요? 그때의 생각이나 느낌을 적어보세요

😊 감정일기

- 오늘 나의 감정날씨 ☀ ⛅ ☁ 🌧 🌫 ⚡ ❄ (   )

- 오늘 나에게 강한 감정을 불러일으킨 상황

- 그때 떠오른 생각이나 느낌

- 그때 내가 느낀 몸과 마음의 상태   ☹ -5 -4 -3 -2 -1 0 +1 +2 +3 +4 +5 😄

- 이 일에 대한 나의 반응

- 이 일을 통해 깨달은 것이 있다면? 앞으로 이런 일이 일어난다면 되도록 어떻게 하면 좋을까요?

- 오늘 나의 행복지수   ☹ -5 -4 -3 -2 -1 0 +1 +2 +3 +4 +5 😄

Note

인성이란 머릿속으로 알고 있다고 되는 것이 아닙니다. 15분 동안은 준비된 각본대로 할 수 있어도 2박 3일은 안 됩니다. 인성이란 오랜 학습을 거쳐 내 몸에 배어 있는 것입니다. 오랜 학습의 결과입니다. 오랜 학습의 결과를 두고 실력이라는 단어를 씁니다. 그렇다면 인성도 실력인 것입니다.

운동일기　　•오늘 내가 한 운동 (　　　　　　　)　　•운동 시간 : 아침 · 낮 · 저녁 · 밤 (　　　　분)

　　　　　　　•운동 후 생각이나 느낌

다행일기　　나는 ~(아니)라서 다행이다 / 나는 비록 ~지만 ~(아니)라서 다행이다

감사일기　　오늘 가장 고마웠던 한 사람을 떠올리고, 그 사람에게 짤막한 감사의 글을 적어보세요

선행일기　　오늘 나는 다른 사람에게 어떤 도움을 주었나요? 그때의 생각이나 느낌을 적어보세요

💟 감정일기

- 오늘 나의 감정날씨 ☀ ⛅ ☁ 🌧 🌫 ⚡ ❄ (   )

- 오늘 나에게 강한 감정을 불러일으킨 상황

- 그때 떠오른 생각이나 느낌

- 그때 내가 느낀 몸과 마음의 상태   😞 -5 -4 -3 -2 -1 0 +1 +2 +3 +4 +5 😄

- 이 일에 대한 나의 반응

- 이 일을 통해 깨달은 것이 있다면? 앞으로 이런 일이 일어난다면 되도록 어떻게 하면 좋을까요?

- 오늘 나의 행복지수   😞 -5 -4 -3 -2 -1 0 +1 +2 +3 +4 +5 😄

Note

"누가 이 (소아마비)백신의 특허를 가지고 있습니까?"

"글쎄요, 모든 사람들이라고나 할까요. 태양을 특허 낼 수 있습니까?" – 조너스 소크

🍀 운동일기　　• 오늘 내가 한 운동 (　　　　　　　　　) 　• 운동 시간 : 아침 • 낮 • 저녁 • 밤 (　　　분)

　　　　　　　• 운동 후 생각이나 느낌

🍀 다행일기　　나는 ~(아니)라서 다행이다 / 나는 비록 ~지만 ~(아니)라서 다행이다

🍀 감사일기　　오늘 가장 고마웠던 한 사람을 떠올리고, 그 사람에게 짤막한 감사의 글을 적어보세요

🍀 선행일기　　오늘 나는 다른 사람에게 어떤 도움을 주었나요? 그때의 생각이나 느낌을 적어보세요

😊 감정일기

• 오늘 나의 감정날씨 ☀ ⛅ ☁ 🌧 🌫 ⚡ ❄ (   )

• 오늘 나에게 강한 감정을 불러일으킨 상황

• 그때 떠오른 생각이나 느낌

• 그때 내가 느낀 몸과 마음의 상태   ☹ -5 -4 -3 -2 -1 0 +1 +2 +3 +4 +5 😄

• 이 일에 대한 나의 반응

• 이 일을 통해 깨달은 것이 있다면? 앞으로 이런 일이 일어난다면 되도록 어떻게 하면 좋을까요?

• 오늘 나의 행복지수   ☹ -5 -4 -3 -2 -1 0 +1 +2 +3 +4 +5 😄

Note

Want List

이번 주에 꼭 하고 싶은 일을 적어보세요
(예 : 나는 영화를 보고 싶다)

1.
2.
3.
4.
5.
6.
7.

한쪽 발은 꿈 위에, 다른 한쪽 발은 현실 위에. - 조벽 교수

Can List

Want list 중에서 실현가능한 내용을 골라 '나는 ~할 수 있다'로 바꿔보세요
(예 : 나는 영화를 볼 수 있다)

1.
2.
3.
4.
5.
6.
7.

Will List

Can list 의 내용을 '나는 ~할 것이다'로 바꿔 적어보세요
(예 : 나는 주말에 영화를 볼 것이다)

1. ....
2. ....
3. ....
4. ....
5. ....
6. ....
7. ....

Imaging & Feeling

위의 일을 했을 때 기분이 어떨지 상상해보고 그때의 느낌이나
몸의 상태를 적어보세요(예 : 삶의 여유가 느껴진다)

1. ....
2. ....
3. ....
4. ....
5. ....
6. ....
7. ....

"천국에 들어가려면 두 가지 질문에 답해야 한다는군. 하나는 '인생에서 기쁨을 찾았는가?' 다른 하나는 '당신의 인생이 다른 사람들을 기쁘게 해주었는가?'라네." – 영화 「버킷리스트」 중에서

💊 **운동일기** · 오늘 내가 한 운동 ( ) · 운동 시간 : 아침 · 낮 · 저녁 · 밤 (분)

· 운동 후 생각이나 느낌

💊 **다행일기** 나는 ~(아니)라서 다행이다 / 나는 비록 ~지만 ~(아니)라서 다행이다

💊 **감사일기** 오늘 가장 고마웠던 한 사람을 떠올리고, 그 사람에게 짤막한 감사의 글을 적어보세요

💊 **선행일기** 오늘 나는 다른 사람에게 어떤 도움을 주었나요? 그때의 생각이나 느낌을 적어보세요

💚 감정일기

- 오늘 나의 감정날씨　☀ ⛅ ☁ 🌧 🌦 ⚡ ❄　(　　　　　　　　　　　)

- 오늘 나에게 강한 감정을 불러일으킨 상황

- 그때 떠오른 생각이나 느낌

- 그때 내가 느낀 몸과 마음의 상태　😞　-5 -4 -3 -2 -1 0 +1 +2 +3 +4 +5　😄

- 이 일에 대한 나의 반응

- 이 일을 통해 깨달은 것이 있다면? 앞으로 이런 일이 일어난다면 되도록 어떻게 하면 좋을까요?

- 오늘 나의 행복지수　😞　-5 -4 -3 -2 -1 0 +1 +2 +3 +4 +5　😄

Note

빈약한 몸을 단련하려면 적절한 운동을 꾸준히 해야 하듯이, 마음도 꾸준히 연습하면 긍정적으로 바꿀 수 있습니다. 우리 뇌와 심장은 그것이 가능하도록 만들어졌습니다.

🌱 운동일기 · 오늘 내가 한 운동 (   ) · 운동 시간 : 아침 · 낮 · 저녁 · 밤 (분)

· 운동 후 생각이나 느낌

🌱 다행일기   나는 ~(아니)라서 다행이다 / 나는 비록 ~지만 ~(아니)라서 다행이다

🌱 감사일기   오늘 가장 고마웠던 한 사람을 떠올리고, 그 사람에게 짤막한 감사의 글을 적어보세요

🌱 선행일기   오늘 나는 다른 사람에게 어떤 도움을 주었나요? 그때의 생각이나 느낌을 적어보세요

😊 감정일기

• 오늘 나의 감정날씨   ☀ ⛅ ☁ 🌧 🌬 ⚡ ❄   (   )

• 오늘 나에게 강한 감정을 불러일으킨 상황

• 그때 떠오른 생각이나 느낌

• 그때 내가 느낀 몸과 마음의 상태   ☹ -5 -4 -3 -2 -1 0 +1 +2 +3 +4 +5 😄

• 이 일에 대한 나의 반응

• 이 일을 통해 깨달은 것이 있다면? 앞으로 이런 일이 일어난다면 되도록 어떻게 하면 좋을까요?

• 오늘 나의 행복지수   ☹ -5 -4 -3 -2 -1 0 +1 +2 +3 +4 +5 😄

Note

아이는 남으로부터 받는 존재입니다.
그리고 어른이 되어 간다는 것은 받는 입장에서 주는 입장으로 발전하는 과정입니다.

🌱 운동일기　　•오늘 내가 한 운동 (　　　　　　　)　•운동 시간 : 아침•낮•저녁•밤 (　　　분)

　　　　　　　•운동 후 생각이나 느낌

🌱 다행일기　　나는 ~(아니)라서 다행이다 / 나는 비록 ~지만 ~(아니)라서 다행이다

🌱 감사일기　　오늘 가장 고마웠던 한 사람을 떠올리고, 그 사람에게 짤막한 감사의 글을 적어보세요

🌱 선행일기　　오늘 나는 다른 사람에게 어떤 도움을 주었나요? 그때의 생각이나 느낌을 적어보세요

😊 감정일기

- 오늘 나의 감정날씨 ☀️ ⛅ ☁️ 🌧️ 🌬️ ⚡ ❄️ (   )

- 오늘 나에게 강한 감정을 불러일으킨 상황

- 그때 떠오른 생각이나 느낌

- 그때 내가 느낀 몸과 마음의 상태 😟 -5 -4 -3 -2 -1 0 +1 +2 +3 +4 +5 😄

- 이 일에 대한 나의 반응

- 이 일을 통해 깨달은 것이 있다면? 앞으로 이런 일이 일어난다면 되도록 어떻게 하면 좋을까요?

- 오늘 나의 행복지수 😟 -5 -4 -3 -2 -1 0 +1 +2 +3 +4 +5 😄

Note

감정적 중립이란 살짝 뒤로 물러서서 그 상황을 바라보는 것입니다. 감정일기는 이미 지닌 일이지만 그 일에 대해 다시 생각해보고 그때 어떤 느낌이었는지 되돌아보도록 도와줍니다. 한발 물러서서 봄으로써 당시보다 중립적으로 바라보고, 다음에 좀더 적절히 대처할 수 있도록 도와줍니다.

🌸 운동일기   • 오늘 내가 한 운동 (   )   • 운동 시간 : 아침 · 낮 · 저녁 · 밤 (분)

• 운동 후 생각이나 느낌

🌸 다행일기   나는 ~(아니)라서 다행이다 / 나는 비록 ~지만 ~(아니)라서 다행이다

🌸 감사일기   오늘 가장 고마웠던 한 사람을 떠올리고, 그 사람에게 짤막한 감사의 글을 적어보세요

🌸 선행일기   오늘 나는 다른 사람에게 어떤 도움을 주었나요? 그때의 생각이나 느낌을 적어보세요

😊 감정일기

- 오늘 나의 감정날씨 ☀ ⛅ ☁ 🌦 🌧 ⚡ ❄ (　　　　　　　　　　　　　)

- 오늘 나에게 강한 감정을 불러일으킨 상황

- 그때 떠오른 생각이나 느낌

- 그때 내가 느낀 몸과 마음의 상태 　☹ -5 -4 -3 -2 -1 0 +1 +2 +3 +4 +5 😄

- 이 일에 대한 나의 반응

- 이 일을 통해 깨달은 것이 있다면? 앞으로 이런 일이 일어난다면 되도록 어떻게 하면 좋을까요?

- 오늘 나의 행복지수 　☹ -5 -4 -3 -2 -1 0 +1 +2 +3 +4 +5 😄

Note

남는 시간을 잘 지켜라. 그것은 다듬어지지 않은 다이아몬드와 같다. 그길 버리면 절대로 그 가
치를 알 수 없게 된다. 그걸 갈고 닦는다면 가치있는 삶에 가장 빛나는 보석이 될 것이다.

– 랠프 월도 에머슨

🍀 운동일기　　• 오늘 내가 한 운동 (　　　　　　　　　　) 　• 운동 시간 : 아침 · 낮 · 저녁 · 밤 (　　　　분)

　　　　　　• 운동 후 생각이나 느낌

🍀 다행일기　　나는 ~(아니)라서 다행이다 / 나는 비록 ~지만 ~(아니)라서 다행이다

🍀 감사일기　　오늘 가장 고마웠던 한 사람을 떠올리고, 그 사람에게 짤막한 감사의 글을 적어보세요

🍀 선행일기　　오늘 나는 다른 사람에게 어떤 도움을 주었나요? 그때의 생각이나 느낌을 적어보세요

감정일기

- 오늘 나의 감정날씨 ☀ ⛅ ☁ 🌧 🌦 ⚡ ❄ (   )

- 오늘 나에게 강한 감정을 불러일으킨 상황

- 그때 떠오른 생각이나 느낌

- 그때 내가 느낀 몸과 마음의 상태 ☹ -5 -4 -3 -2 -1 0 +1 +2 +3 +4 +5 😄

- 이 일에 대한 나의 반응

- 이 일을 통해 깨달은 것이 있다면? 앞으로 이런 일이 일어난다면 되도록 어떻게 하면 좋을까요?

- 오늘 나의 행복지수 ☹ -5 -4 -3 -2 -1 0 +1 +2 +3 +4 +5 😄

Note

성격이 모두 나와 같아지기를 바라지 말라.
매끈한 돌이나 거친 돌이나 다 제각기 쓸모가 있는 법이다. – 도산 안창호

운동일기   • 오늘 내가 한 운동 (   )   • 운동 시간 : 아침 · 낮 · 저녁 · 밤 (분)

   • 운동 후 생각이나 느낌

다행일기   나는 ~(아니)라서 다행이다 / 나는 비록 ~지만 ~(아니)라서 다행이다

감사일기   오늘 가장 고마웠던 한 사람을 떠올리고, 그 사람에게 짤막한 감사의 글을 적어보세요

선행일기   오늘 나는 다른 사람에게 어떤 도움을 주었나요? 그때의 생각이나 느낌을 적어보세요

😊 감정일기

- 오늘 나의 감정날씨 ☼ ⛅ ☁ 🌧 🌦 ⚡ ❄ (   )

- 오늘 나에게 강한 감정을 불러일으킨 상황

- 그때 떠오른 생각이나 느낌

- 그때 내가 느낀 몸과 마음의 상태 ☹ -5 -4 -3 -2 -1 0 +1 +2 +3 +4 +5 😄

- 이 일에 대한 나의 반응

- 이 일을 통해 깨달은 것이 있다면? 앞으로 이런 일이 일어난다면 되도록 어떻게 하면 좋을까요?

- 오늘 나의 행복지수 ☹ -5 -4 -3 -2 -1 0 +1 +2 +3 +4 +5 😄

Note

아이가 태어나 어른이 되고, 늙고, 죽음을 맞이하는 것으로 한 세대가 끝이 납니다. 한 세대가 끝이 나면 다음 세대가 시작됩니다. 따라서 다른 세대를 이해하려면 마치 죽을 것처럼 변해야 할 수 있습니다. 그만큼 어렵습니다. – 조벽

🌱 **운동일기**   · 오늘 내가 한 운동 (   )   · 운동 시간 : 아침 · 낮 · 저녁 · 밤 (분)

· 운동 후 생각이나 느낌

🌱 **다행일기**   나는 ~(아니)라서 다행이다 / 나는 비록 ~지만 ~(아니)라서 다행이다

🌱 **감사일기**   오늘 가장 고마웠던 한 사람을 떠올리고, 그 사람에게 짤막한 감사의 글을 적어보세요

🌱 **선행일기**   오늘 나는 다른 사람에게 어떤 도움을 주었나요? 그때의 생각이나 느낌을 적어보세요

😊 감정일기

• 오늘 나의 감정날씨 ☀ ⛅ ☁ 🌧 🌬 ⚡ ❄ (   )

• 오늘 나에게 강한 감정을 불러일으킨 상황

• 그때 떠오른 생각이나 느낌

• 그때 내가 느낀 몸과 마음의 상태   ☹ -5 -4 -3 -2 -1 0 +1 +2 +3 +4 +5 😄

• 이 일에 대한 나의 반응

• 이 일을 통해 깨달은 것이 있다면? 앞으로 이런 일이 일어난다면 되도록 어떻게 하면 좋을까요?

• 오늘 나의 행복지수   ☹ -5 -4 -3 -2 -1 0 +1 +2 +3 +4 +5 😄

Note

Want List

이번 주에 꼭 하고 싶은 일을 적어보세요
(예 : 나는 영화를 보고 싶다)

1. ....
2. ....
3. ....
4. ....
5. ....
6. ....
7. ....

한쪽 발은 꿈 위에, 다른 한쪽 발은 현실 위에. - 조벽 교수

Can List

Want list 중에서 실현가능한 내용을 골라 '나는 ~할 수 있다'로 바꿔보세요
(예 : 나는 영화를 볼 수 있다)

1. ....
2. ....
3. ....
4. ....
5. ....
6. ....
7. ....

Will List

Can list 의 내용을 '나는 ~할 것이다'로 바꿔 적어보세요
(예 : 나는 주말에 영화를 볼 것이다)

1.
2.
3.
4.
5.
6.
7.

Imaging & Feeling

위의 일을 했을 때 기분이 어떨지 상상해보고 그때의 느낌이나
몸의 상태를 적어보세요(예 : 삶의 여유가 느껴진다)

1.
2.
3.
4.
5.
6.
7.

당신은 누군가에게 가장 소중한 사람입니다. – 오늘공공미술연구소

💪 운동일기   • 오늘 내가 한 운동 (   )   • 운동 시간 : 아침 · 낮 · 저녁 · 밤 (분)

              • 운동 후 생각이나 느낌

💪 다행일기   나는 ~(아니)라서 다행이다 / 나는 비록 ~지만 ~(아니)라서 다행이다

💪 감사일기   오늘 가장 고마웠던 한 사람을 떠올리고, 그 사람에게 짤막한 감사의 글을 적어보세요

💪 선행일기   오늘 나는 다른 사람에게 어떤 도움을 주었나요? 그때의 생각이나 느낌을 적어보세요

감정일기

- 오늘 나의 감정날씨 ☀ ⛅ ☁ 🌦 🌧 ⚡ ❄ (   )

- 오늘 나에게 강한 감정을 불러일으킨 상황

- 그때 떠오른 생각이나 느낌

- 그때 내가 느낀 몸과 마음의 상태   ☹ -5 -4 -3 -2 -1 0 +1 +2 +3 +4 +5 😊

- 이 일에 대한 나의 반응

- 이 일을 통해 깨달은 것이 있다면? 앞으로 이런 일이 일어난다면 되도록 어떻게 하면 좋을까요?

- 오늘 나의 행복지수   ☹ -5 -4 -3 -2 -1 0 +1 +2 +3 +4 +5 😊

Note

정서지능은 자신을 알고 이해하고 표현하는 능력이며, 타인과의 관계를 이해하고 연결하는 능력입니다. 정서지능이 높은 사람은 강한 감정에 대처하고, 충동을 조절할 수 있으며, 도전적 문제를 효과적으로 해결하고, 환경이나 상황 변화에도 능동적으로 적응합니다.

🌱 운동일기 ·오늘 내가 한 운동 (   )   ·운동 시간 : 아침·낮·저녁·밤 (분)

·운동 후 생각이나 느낌

🌱 다행일기 나는 ~(아니)라서 다행이다 / 나는 비록 ~지만 ~(아니)라서 다행이다

🌱 감사일기 오늘 가장 고마웠던 한 사람을 떠올리고, 그 사람에게 짤막한 감사의 글을 적어보세요

🌱 선행일기 오늘 나는 다른 사람에게 어떤 도움을 주었나요? 그때의 생각이나 느낌을 적어보세요

감정일기

• 오늘 나의 감정날씨 ☀ ⛅ ☁ 🌧 🌦 ⚡ ❄ (   )

• 오늘 나에게 강한 감정을 불러일으킨 상황

• 그때 떠오른 생각이나 느낌

• 그때 내가 느낀 몸과 마음의 상태 ☹ -5 -4 -3 -2 -1 0 +1 +2 +3 +4 +5 😃

• 이 일에 대한 나의 반응

• 이 일을 통해 깨달은 것이 있다면? 앞으로 이런 일이 일어난다면 되도록 어떻게 하면 좋을까요?

• 오늘 나의 행복지수 ☹ -5 -4 -3 -2 -1 0 +1 +2 +3 +4 +5 😃

Note

명확하게 설명하기 위해서는 상대방의 귀를 여는 것보다 상대방의 마음을 얻어야 합니다.
– 조벽

🎴 운동일기　　・오늘 내가 한 운동　(　　　　　　　　　)　　・운동 시간 : 아침・낮・저녁・밤　(　　　분)

　　　　　　　　・운동 후 생각이나 느낌

🎴 다행일기　　나는 ~(아니)라서 다행이다 / 나는 비록 ~지만 ~(아니)라서 다행이다

🎴 감사일기　　오늘 가장 고마웠던 한 사람을 떠올리고, 그 사람에게 짤막한 감사의 글을 적어보세요

🎴 선행일기　　오늘 나는 다른 사람에게 어떤 도움을 주었나요? 그때의 생각이나 느낌을 적어보세요

감정일기

- 오늘 나의 감정날씨 ☀ ⛅ ☁ 🌧 💨 ⚡ ❄ (   )

- 오늘 나에게 강한 감정을 불러일으킨 상황

- 그때 떠오른 생각이나 느낌

- 그때 내가 느낀 몸과 마음의 상태 ☹ -5 -4 -3 -2 -1 0 +1 +2 +3 +4 +5 😄

- 이 일에 대한 나의 반응

- 이 일을 통해 깨달은 것이 있다면? 앞으로 이런 일이 일어난다면 되도록 어떻게 하면 좋을까요?

- 오늘 나의 행복지수 ☹ -5 -4 -3 -2 -1 0 +1 +2 +3 +4 +5 😄

Note

남을 높은 것은 나의 유능감을 회복시킵니다.
그리고 남을 도우려면 그 사람의 입장에서 바라볼 수 있어야 합니다. – 조벽

🍀 운동일기   •오늘 내가 한 운동 (   )   •운동 시간 : 아침 • 낮 • 저녁 • 밤 (분)

                 •운동 후 생각이나 느낌

🍀 다행일기   나는 ~(아니)라서 다행이다 / 나는 비록 ~지만 ~(아니)라서 다행이다

🍀 감사일기   오늘 가장 고마웠던 한 사람을 떠올리고, 그 사람에게 짤막한 감사의 글을 적어보세요

🍀 선행일기   오늘 나는 다른 사람에게 어떤 도움을 주었나요? 그때의 생각이나 느낌을 적어보세요

🍀 감정일기

- 오늘 나의 감정날씨   ☀ ⛅ ☁ 🌧 🌦 ⚡ ❄   (   )

- 오늘 나에게 강한 감정을 불러일으킨 상황

- 그때 떠오른 생각이나 느낌

- 그때 내가 느낀 몸과 마음의 상태   ☹ -5 -4 -3 -2 -1 0 +1 +2 +3 +4 +5 😄

- 이 일에 대한 나의 반응

- 이 일을 통해 깨달은 것이 있다면? 앞으로 이런 일이 일어난다면 되도록 어떻게 하면 좋을까요?

- 오늘 나의 행복지수   ☹ -5 -4 -3 -2 -1 0 +1 +2 +3 +4 +5 😄

Note

나에게는 꿈이 있습니다. I have a dream! – 마틴 루터 킹

🌱 운동일기 • 오늘 내가 한 운동 (   ) • 운동 시간 : 아침 · 낮 · 저녁 · 밤 (분)

     • 운동 후 생각이나 느낌

🌱 다행일기 나는 ~(아니)라서 다행이다 / 나는 비록 ~지만 ~(아니)라서 다행이다

🌱 감사일기 오늘 가장 고마웠던 한 사람을 떠올리고, 그 사람에게 짤막한 감사의 글을 적어보세요

🌱 선행일기 오늘 나는 다른 사람에게 어떤 도움을 주었나요? 그때의 생각이나 느낌을 적어보세요

감정일기

- 오늘 나의 감정날씨 ☼ ⛅ ☁ 🌧 🌫 ⚡ ❄ (   )

- 오늘 나에게 강한 감정을 불러일으킨 상황

- 그때 떠오른 생각이나 느낌

- 그때 내가 느낀 몸과 마음의 상태 ☹ -5 -4 -3 -2 -1 0 +1 +2 +3 +4 +5 😄

- 이 일에 대한 나의 반응

- 이 일을 통해 깨달은 것이 있다면? 앞으로 이런 일이 일어난다면 되도록 어떻게 하면 좋을까요?

- 오늘 나의 행복지수 ☹ -5 -4 -3 -2 -1 0 +1 +2 +3 +4 +5 😄

Note

요청할 때는 부드럽고 구체적으로,
상대가 요청을 들어줬을 때는 '고맙습니다. 감사합니다'.

🌑 운동일기   • 오늘 내가 한 운동 (   )   • 운동 시간 : 아침 • 낮 • 저녁 • 밤 (분)

                 • 운동 후 생각이나 느낌

🌑 다행일기   나는 ~(아니)라서 다행이다 / 나는 비록 ~지만 ~(아니)라서 다행이다

🌑 감사일기   오늘 가장 고마웠던 한 사람을 떠올리고, 그 사람에게 짧막한 감사의 글을 적어보세요

🌑 선행일기   오늘 나는 다른 사람에게 어떤 도움을 주었나요? 그때의 생각이나 느낌을 적어보세요

🌱 감정일기

- 오늘 나의 감정날씨 ☀ 🌤 ☁ 🌧 🌬 ⚡ ❄ (   )

- 오늘 나에게 강한 감정을 불러일으킨 상황

- 그때 떠오른 생각이나 느낌

- 그때 내가 느낀 몸과 마음의 상태   😞 -5 -4 -3 -2 -1 0 +1 +2 +3 +4 +5 😄

- 이 일에 대한 나의 반응

- 이 일을 통해 깨달은 것이 있다면? 앞으로 이런 일이 일어난다면 되도록 어떻게 하면 좋을까요?

- 오늘 나의 행복지수   😞 -5 -4 -3 -2 -1 0 +1 +2 +3 +4 +5 😄

Note

각자가 가진 고유한 상점을 셀리그만 박사는 '지문같이' 고유하다는 뜻에서 시그네처 장점 (signature strength, 개인의 대표 강점)이라고 부릅니다. 행복하면서도 장기적인 성공을 하고 사회에 유익한 일을 많이 하는 사람은 자신의 고유한 장점에 초점을 두는 사람입니다.

🍀 운동일기   • 오늘 내가 한 운동 (   )   • 운동 시간 : 아침 · 낮 · 저녁 · 밤 (분)

               • 운동 후 생각이나 느낌

🍀 다행일기   나는 ~(아니)라서 다행이다 / 나는 비록 ~지만 ~(아니)라서 다행이다

🍀 감사일기   오늘 가장 고마웠던 한 사람을 떠올리고, 그 사람에게 짤막한 감사의 글을 적어보세요

🍀 선행일기   오늘 나는 다른 사람에게 어떤 도움을 주었나요? 그때의 생각이나 느낌을 적어보세요

📷 감정일기

• 오늘 나의 감정날씨   ☀ ⛅ ☁ 🌧 🌦 ⚡ ❄   (   )

• 오늘 나에게 강한 감정을 불러일으킨 상황

• 그때 떠오른 생각이나 느낌

• 그때 내가 느낀 몸과 마음의 상태   ☹ -5 -4 -3 -2 -1 0 +1 +2 +3 +4 +5 😄

• 이 일에 대한 나의 반응

• 이 일을 통해 깨달은 것이 있다면? 앞으로 이런 일이 일어난다면 되도록 어떻게 하면 좋을까요?

• 오늘 나의 행복지수   ☹ -5 -4 -3 -2 -1 0 +1 +2 +3 +4 +5 😄

Note

Want List

이번 주에 꼭 하고 싶은 일을 직어보세요
(예 : 나는 영화를 보고 싶다)

1.
2.
3.
4.
5.
6.
7.

한쪽 발은 꿈 위에, 다른 한쪽 발은 현실 위에. - 조벽 교수

Can List

Want list 중에서 실현가능한 내용을 골라 '나는 ~할 수 있다'로 바꿔보세요
(예 : 나는 영화를 볼 수 있다)

1.
2.
3.
4.
5.
6.
7.

Will List

Can list 의 내용을 '나는 ~할 것이다'로 바꿔 적어보세요
(예 : 나는 주말에 영화를 볼 것이다)

1. ....

2. ....

3. ....

4. ....

5. ....

6. ....

7. ....

Imaging & Feeling

위의 일을 했을 때 기분이 어떨지 상상해보고 그때의 느낌이나
몸의 상태를 적어보세요(예 : 삶의 여유가 느껴진다)

1. ....

2. ....

3. ....

4. ....

5. ....

6. ....

7. ....

Date   ·   ·

저는 행동할 때 두 가지 원칙이 있습니다. 첫째로 남을 헤치는 행동을 하지 않는 것이고,
둘째는 자신을 해치는 행동을 하지 않는 것입니다.

🌸 운동일기   • 오늘 내가 한 운동 (   )   • 운동 시간 : 아침 · 낮 · 저녁 · 밤 (분)

• 운동 후 생각이나 느낌

🌸 다행일기   나는 ~(아니)라서 다행이다 / 나는 비록 ~지만 ~(아니)라서 다행이다

🌸 감사일기   오늘 가장 고마웠던 한 사람을 떠올리고, 그 사람에게 짤막한 감사의 글을 적어보세요

🌸 선행일기   오늘 나는 다른 사람에게 어떤 도움을 주었나요? 그때의 생각이나 느낌을 적어보세요

😊 감정일기

- 오늘 나의 감정날씨   ☀ 🌤 ☁ 🌧 🌦 ⚡ ❄   (   )

- 오늘 나에게 강한 감정을 불러일으킨 상황

- 그때 떠오른 생각이나 느낌

- 그때 내가 느낀 몸과 마음의 상태   ☹ -5 -4 -3 -2 -1 0 +1 +2 +3 +4 +5 😄

- 이 일에 대한 나의 반응

- 이 일을 통해 깨달은 것이 있다면? 앞으로 이런 일이 일어난다면 되도록 어떻게 하면 좋을까요?

- 오늘 나의 행복지수   ☹ -5 -4 -3 -2 -1 0 +1 +2 +3 +4 +5 😄

Note

남을 너그럽게 받아들이는 사람은 항상 사람들의 마음을 얻게 되고
위엄과 무력으로 엄하게 다스리는 자는 항상 사람들의 노여움을 사게 된다. – 세종대왕

운동일기   • 오늘 내가 한 운동 (   )   • 운동 시간 : 아침 • 낮 • 저녁 • 밤 (분)

             • 운동 후 생각이나 느낌

다행일기   나는 ~(아니)라서 다행이다 / 나는 비록 ~지만 ~(아니)라서 다행이다

감사일기   오늘 가장 고마웠던 한 사람을 떠올리고, 그 사람에게 짤막한 감사의 글을 적어보세요

선행일기   오늘 나는 다른 사람에게 어떤 도움을 주었나요? 그때의 생각이나 느낌을 적어보세요

감정일기

- 오늘 나의 감정날씨 ☀ 🌤 ☁ 🌦 🌫 ⚡ ❄ (   )

- 오늘 나에게 강한 감정을 불러일으킨 상황

- 그때 떠오른 생각이나 느낌

- 그때 내가 느낀 몸과 마음의 상태 😣 -5 -4 -3 -2 -1 0 +1 +2 +3 +4 +5 😄

- 이 일에 대한 나의 반응

- 이 일을 통해 깨달은 것이 있다면? 앞으로 이런 일이 일어난다면 되도록 어떻게 하면 좋을까요?

- 오늘 나의 행복지수 😞 -5 -4 -3 -2 -1 0 +1 +2 +3 +4 +5 😄

Note

대니얼 골먼 박사의 연구에 의하면 정서지능은 키울 수 있습니다. 훈련과 학습을 통해 정서지능이 발달하는 것이 뇌과학을 통해 밝혀졌습니다. 그리고 성인도 충분히 가능합니다.

🌺 운동일기   • 오늘 내가 한 운동 (   )   • 운동 시간 : 아침 • 낮 • 저녁 • 밤 (분)

            • 운동 후 생각이나 느낌

🌺 다행일기   나는 ~(아니)라서 다행이다 / 나는 비록 ~지만 ~(아니)라서 다행이다

🌺 감사일기   오늘 가장 고마웠던 한 사람을 떠올리고, 그 사람에게 짤막한 감사의 글을 적어보세요

🌺 선행일기   오늘 나는 다른 사람에게 어떤 도움을 주었나요? 그때의 생각이나 느낌을 적어보세요

🃏 감정일기

- 오늘 나의 감정날씨 ☀ ⛅ ☁ 🌧 🌫 ⚡ ❄ (   )

- 오늘 나에게 강한 감정을 불러일으킨 상황

- 그때 떠오른 생각이나 느낌

- 그때 내가 느낀 몸과 마음의 상태   ☹ -5 -4 -3 -2 -1 0 +1 +2 +3 +4 +5 😄

- 이 일에 대한 나의 반응

- 이 일을 통해 깨달은 것이 있다면? 앞으로 이런 일이 일어난다면 되도록 어떻게 하면 좋을까요?

- 오늘 나의 행복지수   ☹ -5 -4 -3 -2 -1 0 +1 +2 +3 +4 +5 😄

Note

매일 적절한 운동을 하면 도파민이 증가하여 자신감과 긍정적 마음이 커지고, 기분 조절 역할을 하는 세로토닌이 생성되어 우울과 불안감이 감소합니다. 그 결과, 자기조절 능력이 향상되고 스트레스 관리에 도움을 줍니다.

운동일기   • 오늘 내가 한 운동 (   )   • 운동 시간 : 아침 · 낮 · 저녁 · 밤 (분)

                • 운동 후 생각이나 느낌

다행일기   나는 ~(아니)라서 다행이다 / 나는 비록 ~지만 ~(아니)라서 다행이다

감사일기   오늘 가장 고마웠던 한 사람을 떠올리고, 그 사람에게 짤막한 감사의 글을 적어보세요

선행일기   오늘 나는 다른 사람에게 어떤 도움을 주었나요? 그때의 생각이나 느낌을 적어보세요

감정일기

- 오늘 나의 감정날씨 　☀ ⛅ ☁ ☔ 🌫 ⚡ ❄ 　(　　　　　　　　　　　　　　)

- 오늘 나에게 강한 감정을 불러일으킨 상황

- 그때 떠오른 생각이나 느낌

- 그때 내가 느낀 몸과 마음의 상태 　😣　-5　-4　-3　-2　-1　0　+1　+2　+3　+4　+5　😆

- 이 일에 대한 나의 반응

- 이 일을 통해 깨달은 것이 있다면? 앞으로 이런 일이 일어난다면 되도록 어떻게 하면 좋을까요?

- 오늘 나의 행복지수 　😣　-5　-4　-3　-2　-1　0　+1　+2　+3　+4　+5　😀

Note

누군가에게 깊이 사랑받고 있으면 힘이 생기고
누군가를 깊이 사랑하고 있으면 용기가 생긴다. – 노자

💟 운동일기   · 오늘 내가 한 운동 (   )   · 운동 시간 : 아침 · 낮 · 저녁 · 밤 (분)

· 운동 후 생각이나 느낌

💟 다행일기   나는 ~(아니)라서 다행이다 / 나는 비록 ~지만 ~(아니)라서 다행이다

💟 감사일기   오늘 가장 고마웠던 한 사람을 떠올리고, 그 사람에게 짤막한 감사의 글을 적어보세요

💟 선행일기   오늘 나는 다른 사람에게 어떤 도움을 주었나요? 그때의 생각이나 느낌을 적어보세요

🌱 감정일기

• 오늘 나의 감정날씨　☀ ⛅ ☁ 🌧 🌬 ⚡ ❄　(　　　　　　　　　　　　)

• 오늘 나에게 강한 감정을 불러일으킨 상황

• 그때 떠오른 생각이나 느낌

• 그때 내가 느낀 몸과 마음의 상태　☹ -5　-4　-3　-2　-1　0　+1　+2　+3　+4　+5 😄

• 이 일에 대한 나의 반응

• 이 일을 통해 깨달은 것이 있다면? 앞으로 이런 일이 일어난다면 되도록 어떻게 하면 좋을까요?

• 오늘 나의 행복지수　☹　-5　-4　-3　-2　-1　0　+1　+2　+3　+4　+5 😄

Note

감정을 조절하고 계획을 세우고 판단을 하는 뇌를 전두엽이라 하고 '이성의 뇌'라고 하기도 합니다. 이 전두엽은 평균 27세에 완성되며, 남녀 차이가 있어서 여자는 평균 24세, 남자는 평균 30세에 완성됩니다.

😊 **운동일기** • 오늘 내가 한 운동 (   )   • 운동 시간 : 아침 · 낮 · 저녁 · 밤 (분)

• 운동 후 생각이나 느낌

😊 **다행일기** 나는 ~(아니)라서 다행이다 / 나는 비록 ~지만 ~(아니)라서 다행이다

😊 **감사일기** 오늘 가장 고마웠던 한 사람을 떠올리고, 그 사람에게 짤막한 감사의 글을 적어보세요

😊 **선행일기** 오늘 나는 다른 사람에게 어떤 도움을 주었나요? 그때의 생각이나 느낌을 적어보세요

감정일기

- 오늘 나의 감정날씨 ☀ ⛅ ☁ 🌧 🌦 ⚡ ❄ (   )

- 오늘 나에게 강한 감정을 불러일으킨 상황

- 그때 떠오른 생각이나 느낌

- 그때 내가 느낀 몸과 마음의 상태 ☹ -5 -4 -3 -2 -1 0 +1 +2 +3 +4 +5 😃

- 이 일에 대한 나의 반응

- 이 일을 통해 깨달은 것이 있다면? 앞으로 이런 일이 일어난다면 되도록 어떻게 하면 좋을까요?

- 오늘 나의 행복지수 ☹ -5 -4 -3 -2 -1 0 +1 +2 +3 +4 +5 😃

Note

감정에 따라 에너지가 고갈될 수도 충전될 수도 있고, 밝거나 어두운 에너지로 변할 수도 있음을 현대의 과학은 증명했습니다. 그래서 우리는 에너지를 고갈시키지 않기 위해 자신의 감정 상태를 알아차리고 밝고 따뜻한 에너지가 감도는 감정을 느끼려는 노력을 '의도적'으로 해야 합니다.

🌑 **운동일기** ·오늘 내가 한 운동 (　　　　　　　　　) ·운동 시간 : 아침·낮·저녁·밤 (　　　　분)

·운동 후 생각이나 느낌

🌑 **다행일기** 나는 ~(아니)라서 다행이다 / 나는 비록 ~지만 ~(아니)라서 다행이다

🌑 **감사일기** 오늘 가장 고마웠던 한 사람을 떠올리고, 그 사람에게 짤막한 감사의 글을 적어보세요

🌑 **선행일기** 오늘 나는 다른 사람에게 어떤 도움을 주었나요? 그때의 생각이나 느낌을 적어보세요

😊 감정일기

- 오늘 나의 감정날씨　☀ ⛅ ☁ 🌧 🌦 ⚡ ❄　(　　　　　　　　　　　　　　　　)

- 오늘 나에게 강한 감정을 불러일으킨 상황

- 그때 떠오른 생각이나 느낌

- 그때 내가 느낀 몸과 마음의 상태　🙁　-5　-4　-3　-2　-1　0　+1　+2　+3　+4　+5　😄

- 이 일에 대한 나의 반응

- 이 일을 통해 깨달은 것이 있다면? 앞으로 이런 일이 일어난다면 되도록 어떻게 하면 좋을까요?

- 오늘 나의 행복지수　🙁　-5　-4　-3　-2　-1　0　+1　+2　+3　+4　+5　😄

Note

Want List

이번 주에 꼭 하고 싶은 일을 적어보세요
(예 : 나는 영화를 보고 싶다)

1.
2.
3.
4.
5.
6.
7.

한쪽 발은 꿈 위에, 다른 한쪽 발은 현실 위에. - 조벽 교수

Can List

Want list 중에서 실현가능한 내용을 골라 '나는 ~할 수 있다'로 바꿔보세요
(예 : 나는 영화를 볼 수 있다)

1.
2.
3.
4.
5.
6.
7.

Will List

Can list 의 내용을 '나는 ~할 것이다'로 바꿔 적어보세요
(예 : 나는 주말에 영화를 볼 것이다)

1.
2.
3.
4.
5.
6.
7.

Imaging & Feeling

위의 일을 했을 때 기분이 어떨지 상상해보고 그때의 느낌이나
몸의 상태를 적어보세요(예 : 삶의 여유가 느껴진다)

1.
2.
3.
4.
5.
6.
7.

당신의 뇌는 당신이 생각하는 것보다 훌륭하다. - 하워드 가드너

🌀 **운동일기**   • 오늘 내가 한 운동 (   )   • 운동 시간 : 아침 · 낮 · 저녁 · 밤 (분)

               • 운동 후 생각이나 느낌

🌀 **다행일기**   나는 ~(아니)라서 다행이다 / 나는 비록 ~지만 ~(아니)라서 다행이다

🌀 **감사일기**   오늘 가장 고마웠던 한 사람을 떠올리고, 그 사람에게 짤막한 감사의 글을 적어보세요

🌀 **선행일기**   오늘 나는 다른 사람에게 어떤 도움을 주었나요? 그때의 생각이나 느낌을 적어보세요

😊 감정일기

- 오늘 나의 감정날씨　☀ ⛅ ☁ 🌦 🌧 ⚡ ❄　(　　　　　　　　　　　　　)

- 오늘 나에게 강한 감정을 불러일으킨 상황

- 그때 떠오른 생각이나 느낌

- 그때 내가 느낀 몸과 마음의 상태　😞　-5　-4　-3　-2　-1　0　+1　+2　+3　+4　+5　😄

- 이 일에 대한 나의 반응

- 이 일을 통해 깨달은 것이 있다면? 앞으로 이런 일이 일어난다면 되도록 어떻게 하면 좋을까요?

- 오늘 나의 행복지수　😞　-5　-4　-3　-2　-1　0　+1　+2　+3　+4　+5　😄

Note

가트맨 박사의 연구에 의하면, 행복한 관계의 원칙은 '작은 일을 자주 하라(Small things often)'입니다. 쉽게 말해 매일, 조금씩, 자주 사랑하라는 것입니다. 작은 일에 자주 호감과 존중, 감사를 표현하는 커플들은 서로에 대한 '정서통장'이 두둑해져서 갈등이 생겼을 때 쉽게 해결이 됩니다.

🍀 운동일기　　• 오늘 내가 한 운동 (　　　　　　　　)　　• 운동 시간 : 아침 · 낮 · 저녁 · 밤 (　　　분)

　　　　　　　　• 운동 후 생각이나 느낌

🍀 다행일기　　나는 ~(아니)라서 다행이다 / 나는 비록 ~지만 ~(아니)라서 다행이다

🍀 감사일기　　오늘 가장 고마웠던 한 사람을 떠올리고, 그 사람에게 짤막한 감사의 글을 적어보세요

🍀 선행일기　　오늘 나는 다른 사람에게 어떤 도움을 주었나요? 그때의 생각이나 느낌을 적어보세요

📷 감정일기

• 오늘 나의 감정날씨   ☀ ⛅ ☁ ☂ 🌬 ⚡ ❄   (   )

• 오늘 나에게 강한 감정을 불러일으킨 상황

• 그때 떠오른 생각이나 느낌

• 그때 내가 느낀 몸과 마음의 상태   ☹ -5 -4 -3 -2 -1 0 +1 +2 +3 +4 +5 😄

• 이 일에 대한 나의 반응

• 이 일을 통해 깨달은 것이 있다면? 앞으로 이런 일이 일어난다면 되도록 어떻게 하면 좋을까요?

• 오늘 나의 행복지수   ☹ -5 -4 -3 -2 -1 0 +1 +2 +3 +4 +5 😊

Note

데이비드 스노든 박사는 노트르담 수녀원에서 1986년부터 75~106세의 수녀 678명을 대상으로 치매 연구를 하였습니다. 그 결과, 놀랍게도 글을 쓸 때 긍정적인 표현을 많이 한 사람들이 부정적 표현을 많이 한 사람들에 비해 치매에 걸리는 확률이 매우 적었습니다.

🌱 운동일기　　·오늘 내가 한 운동 (　　　　　　　)　·운동 시간 : 아침·낮·저녁·밤 (　　　분)

　　　　　　　·운동 후 생각이나 느낌

🌱 다행일기　　나는 ~(아니)라서 다행이다 / 나는 비록 ~지만 ~(아니)라서 다행이다

🌱 감사일기　　오늘 가장 고마웠던 한 사람을 떠올리고, 그 사람에게 짤막한 감사의 글을 적어보세요

🌱 선행일기　　오늘 나는 다른 사람에게 어떤 도움을 주었나요? 그때의 생각이나 느낌을 적어보세요

🌱 감정일기

- 오늘 나의 감정날씨 ☀ ⛅ ☁ 🌦 🌧 ⚡ ❄ (   )

- 오늘 나에게 강한 감정을 불러일으킨 상황

- 그때 떠오른 생각이나 느낌

- 그때 내가 느낀 몸과 마음의 상태   ☹ -5 -4 -3 -2 -1 0 +1 +2 +3 +4 +5 😄

- 이 일에 대한 나의 반응

- 이 일을 통해 깨달은 것이 있다면? 앞으로 이런 일이 일어난다면 되도록 어떻게 하면 좋을까요?

- 오늘 나의 행복지수   ☹ -5 -4 -3 -2 -1 0 +1 +2 +3 +4 +5 😄

Note

사람은 보통 상과 벌로 상대방을 움직이려고 하지만 사람은 그것에 곧 익숙해지기 때문에 같은 효과를 내기 위해서는 더 큰 상과 벌이 필요하게 됩니다. 일종의 반감도 생기면서 역효과를 초래합니다. 상과 벌은 단기적으로 큰 효과를 낼 수 있지만 지속 가능하지는 않습니다. – 조벽

😊 운동일기 　　 • 오늘 내가 한 운동 (　　　　　　　　) 　　 • 운동 시간 : 아침 • 낮 • 저녁 • 밤 (　　　분)

　　　　　　　　 • 운동 후 생각이나 느낌

😊 다행일기 　　 나는 ~(아니)라서 다행이다 / 나는 비록 ~지만 ~(아니)라서 다행이다

😊 감사일기 　　 오늘 가장 고마웠던 한 사람을 떠올리고, 그 사람에게 짤막한 감사의 글을 적어보세요

😊 선행일기 　　 오늘 나는 다른 사람에게 어떤 도움을 주었나요? 그때의 생각이나 느낌을 적어보세요

🫧 감정일기

• 오늘 나의 감정날씨   ☀ 🌤 ☁ 🌦 🌧 ⚡ ❄   (   )

• 오늘 나에게 강한 감정을 불러일으킨 상황

• 그때 떠오른 생각이나 느낌

• 그때 내가 느낀 몸과 마음의 상태   ☹ -5 -4 -3 -2 -1 0 +1 +2 +3 +4 +5 😄

• 이 일에 대한 나의 반응

• 이 일을 통해 깨달은 것이 있다면? 앞으로 이런 일이 일어난다면 되도록 어떻게 하면 좋을까요?

• 오늘 나의 행복지수   ☹ -5 -4 -3 -2 -1 0 +1 +2 +3 +4 +5 😄

Note

인성은 추상적인 개념이 아닙니다. 인성은 남의 입장에서 생각하고 행동할 수 있는 능력입니다.
인성은 더 이상 있으면 좋고 없어도 되는 것이 아닙니다. – 조벽

😊 운동일기   • 오늘 내가 한 운동 (   )   • 운동 시간 : 아침 • 낮 • 저녁 • 밤 (분)

            • 운동 후 생각이나 느낌

😊 다행일기   나는 ~(아니)라서 다행이다 / 나는 비록 ~지만 ~(아니)라서 다행이다

😊 감사일기   오늘 가장 고마웠던 한 사람을 떠올리고, 그 사람에게 짤막한 감사의 글을 적어보세요

😊 선행일기   오늘 나는 다른 사람에게 어떤 도움을 주었나요? 그때의 생각이나 느낌을 적어보세요

😊 감정일기

• 오늘 나의 감정날씨 ☀ ⛅ ☁ 🌦 🌧 ⚡ ❄ (   )

• 오늘 나에게 강한 감정을 불러일으킨 상황

• 그때 떠오른 생각이나 느낌

• 그때 내가 느낀 몸과 마음의 상태   😞 -5 -4 -3 -2 -1 0 +1 +2 +3 +4 +5 😆

• 이 일에 대한 나의 반응

• 이 일을 통해 깨달은 것이 있다면? 앞으로 이런 일이 일어난다면 되도록 어떻게 하면 좋을까요?

• 오늘 나의 행복지수   😞 -5 -4 -3 -2 -1 0 +1 +2 +3 +4 +5 😄

Note

아이는 어른이 하기 나름입니다. 먼저 변화를 시도해야 하는 사람은 어른입니다.
부모님이든 선생님이든 마찬가지입니다.

😊 운동일기 ·오늘 내가 한 운동 (   ) ·운동 시간 : 아침·낮·저녁·밤 (분)

·운동 후 생각이나 느낌

😊 다행일기   나는 ~(아니)라서 다행이다 / 나는 비록 ~지만 ~(아니)라서 다행이다

😊 감사일기   오늘 가장 고마웠던 한 사람을 떠올리고, 그 사람에게 짤막한 감사의 글을 적어보세요

😊 선행일기   오늘 나는 다른 사람에게 어떤 도움을 주었나요? 그때의 생각이나 느낌을 적어보세요

감정일기

- 오늘 나의 감정날씨 ☀ ⛅ ☁ 🌧 🌫 ⚡ ❄ (   )

- 오늘 나에게 강한 감정을 불러일으킨 상황

- 그때 떠오른 생각이나 느낌

- 그때 내가 느낀 몸과 마음의 상태 ☹ -5 -4 -3 -2 -1 0 +1 +2 +3 +4 +5 😄

- 이 일에 대한 나의 반응

- 이 일을 통해 깨달은 것이 있다면? 앞으로 이런 일이 일어난다면 되도록 어떻게 하면 좋을까요?

- 오늘 나의 행복지수 😐 -5 -4 -3 -2 -1 0 +1 +2 +3 +4 +5 😄

Note

관계를 망치는 사람들에게 관계의 달인들의 비결을 알려주면 대개 이런 반응을 보입니다. "별 거 아니네요. 정말 그것뿐이에요? 그거라면 우리도 할 수 있겠네요." 남다른 비법이 있어서가 아니라, 좋은 줄 모두 알지만 실천하지 않는 것을 하기 때문에 최고가 되는 것입니다.

운동일기   • 오늘 내가 한 운동 (   )   • 운동 시간 : 아침 · 낮 · 저녁 · 밤 (분)

• 운동 후 생각이나 느낌

다행일기   나는 ~(아니)라서 다행이다 / 나는 비록 ~지만 ~(아니)라서 다행이다

감사일기   오늘 가장 고마웠던 한 사람을 떠올리고, 그 사람에게 짤막한 감사의 글을 적어보세요

선행일기   오늘 나는 다른 사람에게 어떤 도움을 주었나요? 그때의 생각이나 느낌을 적어보세요

😊 감정일기

- 오늘 나의 감정날씨 ☀ ⛅ ☁ 🌧 🌦 ⚡ ❄ (   )

- 오늘 나에게 강한 감정을 불러일으킨 상황

- 그때 떠오른 생각이나 느낌

- 그때 내가 느낀 몸과 마음의 상태   ☹ -5 -4 -3 -2 -1 0 +1 +2 +3 +4 +5 😄

- 이 일에 대한 나의 반응

- 이 일을 통해 깨달은 것이 있다면? 앞으로 이런 일이 일어난다면 되도록 어떻게 하면 좋을까요?

- 오늘 나의 행복지수   ☹ -5 -4 -3 -2 -1 0 +1 +2 +3 +4 +5 😄

Note

Want List

이번 주에 꼭 하고 싶은 일을 적어보세요
(예 : 나는 영화를 보고 싶다)

1. _____

2. _____

3. _____

4. _____

5. _____

6. _____

7. _____

한쪽 발은 꿈 위에, 다른 한쪽 발은 현실 위에. - 조벽 교수

Can List

Want list 중에서 실현가능한 내용을 골라 '나는 ~할 수 있다'로 바꿔보세요
(예 : 나는 영화를 볼 수 있다)

1. _____

2. _____

3. _____

4. _____

5. _____

6. _____

7. _____

Will List

Can list 의 내용을 '나는 ~할 것이다'로 바꿔 적어보세요
(예 : 나는 주말에 영화를 볼 것이다)

1. _____
2. _____
3. _____
4. _____
5. _____
6. _____
7. _____

Imaging & Feeling

위의 일을 했을 때 기분이 어떨지 상상해보고 그때의 느낌이나
몸의 상태를 적어보세요(예 : 삶의 여유가 느껴진다)

1. _____
2. _____
3. _____
4. _____
5. _____
6. _____
7. _____

사랑은 고결하고 아름다운 것이 아니라, 허리를 숙이고 상처와 눈물을 닦아주는 것입니다.
– 마더 테레사

❤ 운동일기 ·오늘 내가 한 운동 ( ) ·운동 시간 : 아침 · 낮 · 저녁 · 밤 (분)

·운동 후 생각이나 느낌

❤ 다행일기 나는 ~(아니)라서 다행이다 / 나는 비록 ~지만 ~(아니)라서 다행이다

❤ 감사일기 오늘 가장 고마웠던 한 사람을 떠올리고, 그 사람에게 짤막한 감사의 글을 적어보세요

❤ 선행일기 오늘 나는 다른 사람에게 어떤 도움을 주었나요? 그때의 생각이나 느낌을 적어보세요

🍀 감정일기

- 오늘 나의 감정날씨　☀ ⛅ ☁ 🌧 🌦 ⚡ ❄ 　(　　　　　　　　　　　　　　　)

- 오늘 나에게 강한 감정을 불러일으킨 상황

- 그때 떠오른 생각이나 느낌

- 그때 내가 느낀 몸과 마음의 상태　☹ -5 -4 -3 -2 -1 0 +1 +2 +3 +4 +5 😆

- 이 일에 대한 나의 반응

- 이 일을 통해 깨달은 것이 있다면? 앞으로 이런 일이 일어난다면 되도록 어떻게 하면 좋을까요?

- 오늘 나의 행복지수　☹ -5 -4 -3 -2 -1 0 +1 +2 +3 +4 +5 😃

Note

가장 행복한 사람 상위 10%를 연구해본 결과 그들이 가진 것은 높은 학력, 재산, 권력이 아니었습니다. 그들은 '좋은 관계'를 가진 사람들이었습니다.

운동일기   • 오늘 내가 한 운동 (   )   • 운동 시간 : 아침 · 낮 · 저녁 · 밤 (분)

               • 운동 후 생각이나 느낌

다행일기   나는 ~(아니)라서 다행이다 / 나는 비록 ~지만 ~(아니)라서 다행이다

감사일기   오늘 가장 고마웠던 한 사람을 떠올리고, 그 사람에게 짤막한 감사의 글을 적어보세요

선행일기   오늘 나는 다른 사람에게 어떤 도움을 주었나요? 그때의 생각이나 느낌을 적어보세요

💟 감정일기

- 오늘 나의 감정날씨　☼　⛅　☁　🌧　💨　⚡　❄　(　　　　　　　　　　　　　　　)

- 오늘 나에게 강한 감정을 불러일으킨 상황

- 그때 떠오른 생각이나 느낌

- 그때 내가 느낀 몸과 마음의 상태　☹　-5　-4　-3　-2　-1　0　+1　+2　+3　+4　+5　😄

- 이 일에 대한 나의 반응

- 이 일을 통해 깨달은 것이 있다면? 앞으로 이런 일이 일어난다면 되도록 어떻게 하면 좋을까요?

- 오늘 나의 행복지수　☹　-5　-4　-3　-2　-1　0　+1　+2　+3　+4　+5　😄

Note

가는 말이 고와야 오는 말이 곱다. – 우리 옛말

🐾 운동일기   · 오늘 내가 한 운동 (   )   · 운동 시간 : 아침 · 낮 · 저녁 · 밤 (분)

· 운동 후 생각이나 느낌

🐾 다행일기   나는 ~(아니)라서 다행이다 / 나는 비록 ~지만 ~(아니)라서 다행이다

🐾 감사일기   오늘 가장 고마웠던 한 사람을 떠올리고, 그 사람에게 짤막한 감사의 글을 적어보세요

🐾 선행일기   오늘 나는 다른 사람에게 어떤 도움을 주었나요? 그때의 생각이나 느낌을 적어보세요

감정일기

- 오늘 나의 감정날씨 ☀ ⛅ ☁ 🌧 🌦 ⚡ ❄ (   )

- 오늘 나에게 강한 감정을 불러일으킨 상황

- 그때 떠오른 생각이나 느낌

- 그때 내가 느낀 몸과 마음의 상태 ☹ -5 -4 -3 -2 -1 0 +1 +2 +3 +4 +5 😄

- 이 일에 대한 나의 반응

- 이 일을 통해 깨달은 것이 있다면? 앞으로 이런 일이 일어난다면 되도록 어떻게 하면 좋을까요?

- 오늘 나의 행복지수 ☹ -5 -4 -3 -2 -1 0 +1 +2 +3 +4 +5 😄

Note

다른 사람들의 관심을 끄는 것이 효과적인 내화라고 생긱하는 사람이 많지만, 실제로는 다른 사람에게 관심을 가지고 귀를 기울이는 것이 효과적인 대화다. – 존 가트맨

🐾 운동일기 　　· 오늘 내가 한 운동 (　　　　　　　　　) 　· 운동 시간 : 아침 · 낮 · 저녁 · 밤 (　　　) 분

　　　　　　　　· 운동 후 생각이나 느낌

🐾 다행일기 　　나는 ~(아니)라서 다행이다 / 나는 비록 ~지만 ~(아니)라서 다행이다

🐾 감사일기 　　오늘 가장 고마웠던 한 사람을 떠올리고, 그 사람에게 짤막한 감사의 글을 적어보세요

🐾 선행일기 　　오늘 나는 다른 사람에게 어떤 도움을 주었나요? 그때의 생각이나 느낌을 적어보세요

🌱 감정일기

- 오늘 나의 감정날씨   ☀ ⛅ ☁ 🌧 🌫 ⚡ ❄   (   )

- 오늘 나에게 강한 감정을 불러일으킨 상황

- 그때 떠오른 생각이나 느낌

- 그때 내가 느낀 몸과 마음의 상태   ☹ -5 -4 -3 -2 -1 0 +1 +2 +3 +4 +5 😄

- 이 일에 대한 나의 반응

- 이 일을 통해 깨달은 것이 있다면? 앞으로 이런 일이 일어난다면 되도록 어떻게 하면 좋을까요?

- 오늘 나의 행복지수   ☹ -5 -4 -3 -2 -1 0 +1 +2 +3 +4 +5 😄

Note

우리의 뇌는 태어나서 죽을 때까지 우리가 누구인지 관심을 보이고, 우리를 찾고, 우리를 편안하게 해주는 타인을 필요로 합니다.

🧡 운동일기　　· 오늘 내가 한 운동 (　　　　　　　　　) 　· 운동 시간 : 아침 · 낮 · 저녁 · 밤 (　　　분)

　　　　　　　　· 운동 후 생각이나 느낌

🧡 다행일기　　나는 ~(아니)라서 다행이다 / 나는 비록 ~지만 ~(아니)라서 다행이다

🧡 감사일기　　오늘 가장 고마웠던 한 사람을 떠올리고, 그 사람에게 짤막한 감사의 글을 적어보세요

🧡 선행일기　　오늘 나는 다른 사람에게 어떤 도움을 주었나요? 그때의 생각이나 느낌을 적어보세요

😊 감정일기

• 오늘 나의 감정날씨   ☀ ⛅ ☁ 🌧 🌦 ⚡ ❄   (   )

• 오늘 나에게 강한 감정을 불러일으킨 상황

• 그때 떠오른 생각이나 느낌

• 그때 내가 느낀 몸과 마음의 상태   ☹ -5 -4 -3 -2 -1 0 +1 +2 +3 +4 +5 😄

• 이 일에 대한 나의 반응

• 이 일을 통해 깨달은 것이 있다면? 앞으로 이런 일이 일어난다면 되도록 어떻게 하면 좋을까요?

• 오늘 나의 행복지수   ☹ -5 -4 -3 -2 -1 0 +1 +2 +3 +4 +5 😄

Note

행복은 깊이 느낄 줄 알고, 단순하고, 자유롭게 생각할 줄 알고, 도전할 줄 알며,
남에게 필요한 삶이 될 줄 아는 능력으로부터 나온다. – 스톰 제임슨

🍀 운동일기 · 오늘 내가 한 운동 ( ) · 운동 시간 : 아침 · 낮 · 저녁 · 밤 (분)

· 운동 후 생각이나 느낌

🍀 다행일기 나는 ~(아니)라서 다행이다 / 나는 비록 ~지만 ~(아니)라서 다행이다

🍀 감사일기 오늘 가장 고마웠던 한 사람을 떠올리고, 그 사람에게 짤막한 감사의 글을 적어보세요

🍀 선행일기 오늘 나는 다른 사람에게 어떤 도움을 주었나요? 그때의 생각이나 느낌을 적어보세요

🍀 감정일기

- 오늘 나의 감정날씨 ☀ ⛅ ☁ ☂ 🌫 ⚡ ❄ (   )

- 오늘 나에게 강한 감정을 불러일으킨 상황

- 그때 떠오른 생각이나 느낌

- 그때 내가 느낀 몸과 마음의 상태   ☹ -5 -4 -3 -2 -1 0 +1 +2 +3 +4 +5 😄

- 이 일에 대한 나의 반응

- 이 일을 통해 깨달은 것이 있다면? 앞으로 이런 일이 일어난다면 되도록 어떻게 하면 좋을까요?

- 오늘 나의 행복지수   ☹ -5 -4 -3 -2 -1 0 +1 +2 +3 +4 +5 😄

Note

지금까지 특별히 해 온 운동이 없다면 제가 가장 추천하는 운동은 걷기입니다. 단순해 보이는 걷기는 온몸의 뼈와 근육을 활성화시켜 몸이 건강하도록 도와주고, 우리 몸 안에서 스트레스를 낮춰주는 세로토닌과 도파민을 분비시켜 마음이 편안해지고 상쾌해집니다.

💚 운동일기　　 • 오늘 내가 한 운동 (　　　　　　　　)　　 • 운동 시간 : 아침 • 낮 • 저녁 • 밤 (　　　 분)

　　　　　　　　 • 운동 후 생각이나 느낌

💚 다행일기　　 나는 ~(아니)라서 다행이다 / 나는 비록 ~지만 ~(아니)라서 다행이다

💚 감사일기　　 오늘 가장 고마웠던 한 사람을 떠올리고, 그 사람에게 짧막한 감사의 글을 적어보세요

💚 선행일기　　 오늘 나는 다른 사람에게 어떤 도움을 주었나요? 그때의 생각이나 느낌을 적어보세요

🐾 감정일기

• 오늘 나의 감정날씨 ☀ 🌤 ☁ 🌧 🌨 ⚡ ❄ (   )

• 오늘 나에게 강한 감정을 불러일으킨 상황

• 그때 떠오른 생각이나 느낌

• 그때 내가 느낀 몸과 마음의 상태   ☹ -5 -4 -3 -2 -1 0 +1 +2 +3 +4 +5 😄

• 이 일에 대한 나의 반응

• 이 일을 통해 깨달은 것이 있다면? 앞으로 이런 일이 일어난다면 되도록 어떻게 하면 좋을까요?

• 오늘 나의 행복지수   ☹ -5 -4 -3 -2 -1 0 +1 +2 +3 +4 +5 😄

Note

Want List

이번 주에 꼭 하고 싶은 일을 적어보세요
(예 : 나는 영화를 보고 싶다)

1. ....
2. ....
3. ....
4. ....
5. ....
6. ....
7. ....

한쪽 발은 꿈 위에, 다른 한쪽 발은 현실 위에. - 조벽 교수

Can List

Want list 중에서 실현가능한 내용을 골라 '나는 ~할 수 있다'로 바꿔보세요
(예 : 나는 영화를 볼 수 있다)

1. ....
2. ....
3. ....
4. ....
5. ....
6. ....
7. ....

Will List

Can list 의 내용을 '나는 ~할 것이다'로 바꿔 적어보세요
(예 : 나는 주말에 영화를 볼 것이다)

1. _____

2. _____

3. _____

4. _____

5. _____

6. _____

7. _____

Imaging & Feeling

위의 일을 했을 때 기분이 어떨지 상상해보고 그때의 느낌이나
몸의 상태를 적어보세요(예 : 삶의 여유가 느껴진다)

1. _____

2. _____

3. _____

4. _____

5. _____

6. _____

7. _____

기쁨은 사물 안에 있지 않다. 그것은 우리 안에 있다. – 리하르트 바그너

🌱 운동일기　·오늘 내가 한 운동 (　　　　　　　)　·운동 시간 : 아침·낮·저녁·밤 (　　분)

　　　　　　·운동 후 생각이나 느낌

🌱 다행일기　나는 ~(아니)라서 다행이다 / 나는 비록 ~지만 ~(아니)라서 다행이다

🌱 감사일기　오늘 가장 고마웠던 한 사람을 떠올리고, 그 사람에게 짤막한 감사의 글을 적어보세요

🌱 선행일기　오늘 나는 다른 사람에게 어떤 도움을 주었나요? 그때의 생각이나 느낌을 적어보세요

🐾 감정일기

• 오늘 나의 감정날씨 ☀ ⛅ ☁ 🌧 🌦 ⚡ ❄ (   )

• 오늘 나에게 강한 감정을 불러일으킨 상황

• 그때 떠오른 생각이나 느낌

• 그때 내가 느낀 몸과 마음의 상태 😞 -5 -4 -3 -2 -1 0 +1 +2 +3 +4 +5 😄

• 이 일에 대한 나의 반응

• 이 일을 통해 깨달은 것이 있다면? 앞으로 이런 일이 일어난다면 되도록 어떻게 하면 좋을까요?

• 오늘 나의 행복지수 😞 -5 -4 -3 -2 -1 0 +1 +2 +3 +4 +5 😄

Note

삶이란 우리의 인생 앞에 어떤 일이 생기느냐에 따라 결정되는 것이 아니라 우리가 어떤 태도를 취하느냐에 따라 결정되는 것이다. 환경과 상황이 인생에 색을 칠해주지만, 어떤 색을 선택할지는 당신에게 달려 있다. – 존 호머 밀스

💟 운동일기　　·오늘 내가 한 운동 (　　　　　　　)　·운동 시간 : 아침·낮·저녁·밤 (　　　분)

　　　　　　　·운동 후 생각이나 느낌

💟 다행일기　　나는 ~(아니)라서 다행이다 / 나는 비록 ~지만 ~(아니)라서 다행이다

💟 감사일기　　오늘 가장 고마웠던 한 사람을 떠올리고, 그 사람에게 짤막한 감사의 글을 적어보세요

💟 선행일기　　오늘 나는 다른 사람에게 어떤 도움을 주었나요? 그때의 생각이나 느낌을 적어보세요

🎭 감정일기

- 오늘 나의 감정날씨　☀️ 🌤️ ☁️ 🌧️ 🌬️ ⚡ ❄️　(　　　　　　　　　　　　　　　)

- 오늘 나에게 강한 감정을 불러일으킨 상황

- 그때 떠오른 생각이나 느낌

- 그때 내가 느낀 몸과 마음의 상태　☹️ -5 -4 -3 -2 -1 0 +1 +2 +3 +4 +5 😊

- 이 일에 대한 나의 반응

- 이 일을 통해 깨달은 것이 있다면?　앞으로 이런 일이 일어난다면 되도록 어떻게 하면 좋을까요?

- 오늘 나의 행복지수　☹️ -5 -4 -3 -2 -1 0 +1 +2 +3 +4 +5 😊

Note

관계의 달인은 상대방에 대해 불만을 표시할 때조차 긍정적인 표현이 부정적인 표현보다 5배가 더 많습니다. 싫어하는 사람의 장점을 찾는 연습은 관계의 기술을 높여주고 관계가 좋아지면 행복지수도 같이 높아집니다.

🔰 운동일기　　• 오늘 내가 한 운동 (　　　　　　　　)　　• 운동 시간 : 아침 · 낮 · 저녁 · 밤　(　　　　분)

　　　　　　　• 운동 후 생각이나 느낌

🔰 다행일기　　나는 ~(아니)라서 다행이다 / 나는 비록 ~지만 ~(아니)라서 다행이다

🔰 감사일기　　오늘 가장 고마웠던 한 사람을 떠올리고, 그 사람에게 짤막한 감사의 글을 적어보세요

🔰 선행일기　　오늘 나는 다른 사람에게 어떤 도움을 주었나요? 그때의 생각이나 느낌을 적어보세요

😊 감정일기

- 오늘 나의 감정날씨 ☀️ 🌤️ ☁️ 🌧️ 🌬️ ⚡ ❄️ (   )

- 오늘 나에게 강한 감정을 불러일으킨 상황

- 그때 떠오른 생각이나 느낌

- 그때 내가 느낀 몸과 마음의 상태   ☹️ -5 -4 -3 -2 -1 0 +1 +2 +3 +4 +5 😄

- 이 일에 대한 나의 반응

- 이 일을 통해 깨달은 것이 있다면? 앞으로 이런 일이 일어난다면 되도록 어떻게 하면 좋을까요?

- 오늘 나의 행복지수   ☹️ -5 -4 -3 -2 -1 0 +1 +2 +3 +4 +5 😄

Note

부모님이나 선생님은 아이늘의 실수에 관대해야 합니다.
실수를 하면서 시행착오를 통해 많은 것을 배울 수 있기 때문입니다.

🎯 운동일기　　• 오늘 내가 한 운동 (　　　　　　　　)　　• 운동 시간 : 아침 • 낮 • 저녁 • 밤 (　　분)

　　　　　　　　• 운동 후 생각이나 느낌

🎯 다행일기　　나는 ~(아니)라서 다행이다 / 나는 비록 ~지만 ~(아니)라서 다행이다

🎯 감사일기　　오늘 가장 고마웠던 한 사람을 떠올리고, 그 사람에게 짤막한 감사의 글을 적어보세요

🎯 선행일기　　오늘 나는 다른 사람에게 어떤 도움을 주었나요? 그때의 생각이나 느낌을 적어보세요

🦋 감정일기

- 오늘 나의 감정날씨 ☼ ⛅ ☁ 🌦 🌫 ⚡ ❄ (   )

- 오늘 나에게 강한 감정을 불러일으킨 상황

- 그때 떠오른 생각이나 느낌

- 그때 내가 느낀 몸과 마음의 상태   ☹ -5 -4 -3 -2 -1 0 +1 +2 +3 +4 +5 😄

- 이 일에 대한 나의 반응

- 이 일을 통해 깨달은 것이 있다면? 앞으로 이런 일이 일어난다면 되도록 어떻게 하면 좋을까요?

- 오늘 나의 행복지수   ☹ -5 -4 -3 -2 -1 0 +1 +2 +3 +4 +5 😄

Note

사랑받지 못하는 것은 슬프다.
그러나 사랑할 수 없는 것은 더 슬프다. – M.D. 우나무노

운동일기　　•오늘 내가 한 운동 (　　　　　　　　　　)　　•운동 시간 : 아침 · 낮 · 저녁 · 밤 (　　　　분)

　　　　　　　•운동 후 생각이나 느낌

다행일기　　나는 ~(아니)라서 다행이다 / 나는 비록 ~지만 ~(아니)라서 다행이다

감사일기　　오늘 가장 고마웠던 한 사람을 떠올리고, 그 사람에게 짤막한 감사의 글을 적어보세요

선행일기　　오늘 나는 다른 사람에게 어떤 도움을 주었나요? 그때의 생각이나 느낌을 적어보세요

😊 감정일기

- 오늘 나의 감정날씨 ☀ ⛅ ☁ 🌧 🌦 ⚡ ❄ (   )

- 오늘 나에게 강한 감정을 불러일으킨 상황

- 그때 떠오른 생각이나 느낌

- 그때 내가 느낀 몸과 마음의 상태   ☹ -5 -4 -3 -2 -1 0 +1 +2 +3 +4 +5 😄

- 이 일에 대한 나의 반응

- 이 일을 통해 깨달은 것이 있다면? 앞으로 이런 일이 일어난다면 되도록 어떻게 하면 좋을까요?

- 오늘 나의 행복지수   ☹ -5 -4 -3 -2 -1 0 +1 +2 +3 +4 +5 😄

Note

저는 부부치료를 할 때 첫 과제로 서로의 장점을 50가지씩 찾아서 적어오라고 합니다. 처음에는 보기도 싫은 사람에게 장점이 어디 있겠냐고 되묻는 분도 있지만, 해보면 그 효과가 얼마나 큰지 당사자들이 더 먼저 느낍니다.

🌸 운동일기 • 오늘 내가 한 운동 (   ) • 운동 시간 : 아침 • 낮 • 저녁 • 밤 (분)

  • 운동 후 생각이나 느낌

🌸 다행일기 나는 ~(아니)라서 다행이다 / 나는 비록 ~지만 ~(아니)라서 다행이다

🌸 감사일기 오늘 가장 고마웠던 한 사람을 떠올리고, 그 사람에게 짧막한 감사의 글을 적어보세요

🌸 선행일기 오늘 나는 다른 사람에게 어떤 도움을 주었나요? 그때의 생각이나 느낌을 적어보세요

💟 감정일기

- 오늘 나의 감정날씨 ☀️ 🌤️ ☁️ 🌧️ 🌫️ ⚡ ❄️ (   )

- 오늘 나에게 강한 감정을 불러일으킨 상황

- 그때 떠오른 생각이나 느낌

- 그때 내가 느낀 몸과 마음의 상태 ☹️ -5 -4 -3 -2 -1 0 +1 +2 +3 +4 +5 😄

- 이 일에 대한 나의 반응

- 이 일을 통해 깨달은 것이 있다면? 앞으로 이런 일이 일어난다면 되도록 어떻게 하면 좋을까요?

- 오늘 나의 행복지수 ☹️ -5 -4 -3 -2 -1 0 +1 +2 +3 +4 +5 😄

Note

한 번에 할 수 있는 일은 3가지 이내가 좋습니다. 팀도 5~7명까지가 소통이 잘되며 효율적입니다. 만약 지금 뭘 해야 할지, 어떻게 해야 할지 잘 모르겠다면, 1가지만 하는 것이 좋습니다. 쉽고 간단한 1가지를 먼저 끝내면 다른 할 수 있는 일이 눈에 보입니다.

😊 운동일기 ·오늘 내가 한 운동 (　　　　　　　　) ·운동 시간 : 아침·낮·저녁·밤 (　　　분)

·운동 후 생각이나 느낌

😊 다행일기 　나는 ~(아니)라서 다행이다 / 나는 비록 ~지만 ~(아니)라서 다행이다

😊 감사일기 　오늘 가장 고마웠던 한 사람을 떠올리고, 그 사람에게 짤막한 감사의 글을 적어보세요

😊 선행일기 　오늘 나는 다른 사람에게 어떤 도움을 주었나요? 그때의 생각이나 느낌을 적어보세요

감정일기

- 오늘 나의 감정날씨 ☀ ⛅ ☁ 🌧 🌦 ⚡ ❄ (   )

- 오늘 나에게 강한 감정을 불러일으킨 상황

- 그때 떠오른 생각이나 느낌

- 그때 내가 느낀 몸과 마음의 상태 ☹ -5 -4 -3 -2 -1 0 +1 +2 +3 +4 +5 😄

- 이 일에 대한 나의 반응

- 이 일을 통해 깨달은 것이 있다면? 앞으로 이런 일이 일어난다면 되도록 어떻게 하면 좋을까요?

- 오늘 나의 행복지수 ☹ -5 -4 -3 -2 -1 0 +1 +2 +3 +4 +5 😄

Note

Want List

이번 주에 꼭 히고 싶은 일을 적어보세요
(예 : 나는 영화를 보고 싶다)

1. ....
2. ....
3. ....
4. ....
5. ....
6. ....
7. ....

한쪽 발은 꿈 위에, 다른 한쪽 발은 현실 위에. - 조벽 교수

Can List

Want list 중에서 실현가능한 내용을 골라 '나는 ~할 수 있다'로 바꿔보세요
(예 : 나는 영화를 볼 수 있다)

1. ....
2. ....
3. ....
4. ....
5. ....
6. ....
7. ....

Will List

위 Can list 의 내용을 '나는 ~할 것이다'로 바꿔 적어보세요
(예 : 나는 주말에 영화를 볼 것이다)

1. ....

2. ....

3. ....

4. ....

5. ....

6. ....

7. ....

Imaging & Feeling

위의 일을 했을 때 기분이 어떨지 상상해보고 그때의 느낌이나
몸의 상태를 적어보세요(예 : 삶의 여유가 느껴진다)

1. ....

2. ....

3. ....

4. ....

5. ....

6. ....

7. ....

행복의 비결은 특별한 사람만 가능하거나 매우 어려운 학문이 결코 아닙니다. 그렇다고 어딘가 숨겨진 보물처럼 신비로운 것도 아닙니다. 우리의 생명이 시작되는 어머니의 배 속에서부터 우리는 이미 그 비결을 타고납니다.

🦋 운동일기   • 오늘 내가 한 운동 (   )   • 운동 시간 : 아침 · 낮 · 저녁 · 밤 (분)

　　　　　　　• 운동 후 생각이나 느낌

🦋 다행일기   나는 ~(아니)라서 다행이다 / 나는 비록 ~지만 ~(아니)라서 다행이다

🦋 감사일기   오늘 가장 고마웠던 한 사람을 떠올리고, 그 사람에게 짤막한 감사의 글을 적어보세요

🦋 선행일기   오늘 나는 다른 사람에게 어떤 도움을 주었나요? 그때의 생각이나 느낌을 적어보세요

🌱 감정일기

- 오늘 나의 감정날씨   ☀️ ⛅ ☁️ 🌦 🌫 ⚡ ❄️   (   )

- 오늘 나에게 강한 감정을 불러일으킨 상황

- 그때 떠오른 생각이나 느낌

- 그때 내가 느낀 몸과 마음의 상태   ☹️ -5 -4 -3 -2 -1 0 +1 +2 +3 +4 +5 😄

- 이 일에 대한 나의 반응

- 이 일을 통해 깨달은 것이 있다면? 앞으로 이런 일이 일어난다면 되도록 어떻게 하면 좋을까요?

- 오늘 나의 행복지수   ☹️ -5 -4 -3 -2 -1 0 +1 +2 +3 +4 +5 😄

Note

회복탄력성(Resilience)이란 단지 역경을 극복하는 힘이 아니라 활력 있고, 생동감 있고, 즐겁고, 진정성 있는 삶을 살 수 있는 능력을 뜻합니다. 마지못해서 억지로 끌려가는 것이 아니라 주도적으로 자신의 삶을 살 수 있는 능력입니다.

😊 **운동일기**   • 오늘 내가 한 운동 (   )   • 운동 시간 : 아침 · 낮 · 저녁 · 밤 (분)

   • 운동 후 생각이나 느낌

😊 **다행일기**   나는 ~(아니)라서 다행이다 / 나는 비록 ~지만 ~(아니)라서 다행이다

....

....

....

😊 **감사일기**   오늘 가장 고마웠던 한 사람을 떠올리고, 그 사람에게 짤막한 감사의 글을 적어보세요

....

....

....

😊 **선행일기**   오늘 나는 다른 사람에게 어떤 도움을 주었나요? 그때의 생각이나 느낌을 적어보세요

....

....

....

😊 감정일기

- 오늘 나의 감정날씨 ☀ ⛅ ☁ 🌧 🌬 ⚡ ❄ (   )

- 오늘 나에게 강한 감정을 불러일으킨 상황

....

....

- 그때 떠오른 생각이나 느낌

....

....

- 그때 내가 느낀 몸과 마음의 상태   ☹ -5 -4 -3 -2 -1 0 +1 +2 +3 +4 +5 😄

- 이 일에 대한 나의 반응

....

....

- 이 일을 통해 깨달은 것이 있다면? 앞으로 이런 일이 일어난다면 되도록 어떻게 하면 좋을까요?

....

....

....

....

....

- 오늘 나의 행복지수   ☹ -5 -4 -3 -2 -1 0 +1 +2 +3 +4 +5 😄

Note

정말로 훌륭한 사람들은 당신 역시 훌륭한 사람이 될 수 있나고 생각힌디.
– 마크 트웨인

🌑 운동일기   • 오늘 내가 한 운동 (   )   • 운동 시간 : 아침 · 낮 · 저녁 · 밤 (분)

             • 운동 후 생각이나 느낌

🌑 다행일기   나는 ~(아니)라서 다행이다 / 나는 비록 ~지만 ~(아니)라서 다행이다

🌑 감사일기   오늘 가장 고마웠던 한 사람을 떠올리고, 그 사람에게 짤막한 감사의 글을 적어보세요

🌑 선행일기   오늘 나는 다른 사람에게 어떤 도움을 주었나요? 그때의 생각이나 느낌을 적어보세요

😊 감정일기

• 오늘 나의 감정날씨　☀ ⛅ ☁ ☂ 🌦 ⚡ ❄　(　　　　　　　　　　　　)

• 오늘 나에게 강한 감정을 불러일으킨 상황

• 그때 떠오른 생각이나 느낌

• 그때 내가 느낀 몸과 마음의 상태　🙁　-5　-4　-3　-2　-1　0　+1　+2　+3　+4　+5　😄

• 이 일에 대한 나의 반응

• 이 일을 통해 깨달은 것이 있다면?　앞으로 이런 일이 일어난다면 되도록 어떻게 하면 좋을까요?

• 오늘 나의 행복지수　🙁　-5　-4　-3　-2　-1　0　+1　+2　+3　+4　+5　😄

Note

교육은 학생의 단점을 찾아서 보완해주는 것보나 학생의 장점을 찾아서 희망을 갖도록 하는 것입니다. 학생을 평가해서 등급을 매기는 게 아니라 그들의 잠재된 우수성을 발견해주고 가장 잘 발휘하도록 돕는 것입니다. - 조벽

🍀 운동일기　　• 오늘 내가 한 운동 (　　　　　　　　)　　• 운동 시간 : 아침 · 낮 · 저녁 · 밤 (　　　분)

　　　　　　　　• 운동 후 생각이나 느낌

🍀 다행일기　　나는 ~(아니)라서 다행이다 / 나는 비록 ~지만 ~(아니)라서 다행이다

🍀 감사일기　　오늘 가장 고마웠던 한 사람을 떠올리고, 그 사람에게 짤막한 감사의 글을 적어보세요

🍀 선행일기　　오늘 나는 다른 사람에게 어떤 도움을 주었나요? 그때의 생각이나 느낌을 적어보세요

🌱 감정일기

- 오늘 나의 감정날씨   ☀ ⛅ ☁ ☁ ☔ ⚡ ❄   (   )

- 오늘 나에게 강한 감정을 불러일으킨 상황

- 그때 떠오른 생각이나 느낌

- 그때 내가 느낀 몸과 마음의 상태   ☹ -5 -4 -3 -2 -1 0 +1 +2 +3 +4 +5 😄

- 이 일에 대한 나의 반응

- 이 일을 통해 깨달은 것이 있다면? 앞으로 이런 일이 일어난다면 되도록 어떻게 하면 좋을까요?

- 오늘 나의 행복지수   ☹ -5 -4 -3 -2 -1 0 +1 +2 +3 +4 +5 😄

Note

소중한 것과 급한 것은 분별해야 하겠습니다. 혹시 소중한 것 대신 급한 것에 더 많은 시간을 할애하고 계신지 살펴보십시오. 행복한 사람은 급한 것보다 소중한 것에 더 많은 시간을 할애합니다.

🌸 운동일기   • 오늘 내가 한 운동 (   )   • 운동 시간 : 아침 · 낮 · 저녁 · 밤 (분)

              • 운동 후 생각이나 느낌

🌸 다행일기   나는 ~(아니)라서 다행이다 / 나는 비록 ~지만 ~(아니)라서 다행이다

🌸 감사일기   오늘 가장 고마웠던 한 사람을 떠올리고, 그 사람에게 짤막한 감사의 글을 적어보세요

🌸 선행일기   오늘 나는 다른 사람에게 어떤 도움을 주었나요? 그때의 생각이나 느낌을 적어보세요

🌱 감정일기

- 오늘 나의 감정날씨   ☀ ⛅ ☁ 🌧 🌫 ⚡ ❄   (   )

- 오늘 나에게 강한 감정을 불러일으킨 상황

- 그때 떠오른 생각이나 느낌

- 그때 내가 느낀 몸과 마음의 상태   ☹ -5 -4 -3 -2 -1 0 +1 +2 +3 +4 +5 😄

- 이 일에 대한 나의 반응

- 이 일을 통해 깨달은 것이 있다면? 앞으로 이런 일이 일어난다면 되도록 어떻게 하면 좋을까요?

- 오늘 나의 행복지수   ☹ -5 -4 -3 -2 -1 0 +1 +2 +3 +4 +5 😄

Note

감정은 자연스러운 삶의 일부입니다. 감정에는 좋고 나쁨이 없습니다. 하지만 감정과 행동은 구분해야 합니다. 화가 '나는' 것은 감정이지만, 화를 '내는' 것은 행동입니다. 감정은 있는 그대로 받아들여야 하지만, 그런 기분을 느낀다고 해서 아무렇게나 행동해도 되는 것은 아닙니다.

🌸 운동일기   • 오늘 내가 한 운동 (   )   • 운동 시간 : 아침 · 낮 · 저녁 · 밤 (분)

• 운동 후 생각이나 느낌

🌸 다행일기   나는 ~(아니)라서 다행이다 / 나는 비록 ~지만 ~(아니)라서 다행이다

🌸 감사일기   오늘 가장 고마웠던 한 사람을 떠올리고, 그 사람에게 짤막한 감사의 글을 적어보세요

🌸 선행일기   오늘 나는 다른 사람에게 어떤 도움을 주었나요? 그때의 생각이나 느낌을 적어보세요

감정일기

- 오늘 나의 감정날씨 ☼ ⛅ ☁ 🌧 🌬 ⚡ ❄ (   )

- 오늘 나에게 강한 감정을 불러일으킨 상황

- 그때 떠오른 생각이나 느낌

- 그때 내가 느낀 몸과 마음의 상태 ☹ -5 -4 -3 -2 -1 0 +1 +2 +3 +4 +5 😄

- 이 일에 대한 나의 반응

- 이 일을 통해 깨달은 것이 있다면? 앞으로 이런 일이 일어난다면 되도록 어떻게 하면 좋을까요?

- 오늘 나의 행복지수 ☹ -5 -4 -3 -2 -1 0 +1 +2 +3 +4 +5 😃

Note

누구도 내치지 말아라. 기억하렴. 네가 도움의 손길이 필요할 때, 너의 한쪽 손을 삽아주는 손길이 있을 것이다. 더 자라면 너도 알게 될 것이다. 네가 가진 두 개의 손 가운데 하나는 너 자신을 위한 것이고, 다른 하나는 다른 사람을 돕기 위한 손이라는 것을. – 샘 레벤슨

🌱 **운동일기**   ・오늘 내가 한 운동 (   )   ・운동 시간 : 아침・낮・저녁・밤 (분)

　　　　　　　・운동 후 생각이나 느낌

🌱 **다행일기**   나는 ~(아니)라서 다행이다 / 나는 비록 ~지만 ~(아니)라서 다행이다

🌱 **감사일기**   오늘 가장 고마웠던 한 사람을 떠올리고, 그 사람에게 짤막한 감사의 글을 적어보세요

🌱 **선행일기**   오늘 나는 다른 사람에게 어떤 도움을 주었나요? 그때의 생각이나 느낌을 적어보세요

💚 감정일기

- 오늘 나의 감정날씨 ☀ 🌤 ☁ 🌧 💨 ⚡ ❄ (   )

- 오늘 나에게 강한 감정을 불러일으킨 상황

- 그때 떠오른 생각이나 느낌

- 그때 내가 느낀 몸과 마음의 상태 ☹ -5 -4 -3 -2 -1 0 +1 +2 +3 +4 +5 😄

- 이 일에 대한 나의 반응

- 이 일을 통해 깨달은 것이 있다면? 앞으로 이런 일이 일어난다면 되도록 어떻게 하면 좋을까요?

- 오늘 나의 행복지수 ☹ -5 -4 -3 -2 -1 0 +1 +2 +3 +4 +5 😄

Note

견디기 어려울 정도의 역경을 이겨내고 큰 업적을 이룬 사람들이 있습니다. 알고 보면 그들도 한 꺼번에 혹은 갑자기 대단한 일을 한 것이 아닙니다. 일상 속에서 작은 단위로 꾸준히 실천해 온 결과가 모여 크고 놀라운 업적이나 창의력으로 나타나는 것입니다.

🌱 운동일기　　•오늘 내가 한 운동 (　　　　　　　)　　•운동 시간 : 아침·낮·저녁·밤 (　　　분)

　　　　　　•운동 후 생각이나 느낌

🌱 다행일기　　나는 ~(아니)라서 다행이다 / 나는 비록 ~지만 ~(아니)라서 다행이다

🌱 감사일기　　오늘 가장 고마웠던 한 사람을 떠올리고, 그 사람에게 짤막한 감사의 글을 적어보세요

🌱 선행일기　　오늘 나는 다른 사람에게 어떤 도움을 주었나요? 그때의 생각이나 느낌을 적어보세요

😊 감정일기

- 오늘 나의 감정날씨 ☀ ⛅ ☁ 🌧 🌦 ⚡ ❄ (   )

- 오늘 나에게 강한 감정을 불러일으킨 상황

- 그때 떠오른 생각이나 느낌

- 그때 내가 느낀 몸과 마음의 상태 ☹ -5 -4 -3 -2 -1 0 +1 +2 +3 +4 +5 😃

- 이 일에 대한 나의 반응

- 이 일을 통해 깨달은 것이 있다면? 앞으로 이런 일이 일어난다면 되도록 어떻게 하면 좋을까요?

- 오늘 나의 행복지수 ☹ -5 -4 -3 -2 -1 0 +1 +2 +3 +4 +5 😃

Note

행복일기와
함께 하면 좋은 것들

행복의 비결은 특별한 사람만 가능하거나 매우 어려운 학문이 결코 아닙니다. 그렇다고 어딘가 숨겨진 보물처럼 신비로운 것도 아닙니다. 우리의 생명이 시작되는 어머니의 배 속에서부터 우리는 이미 그 비결을 타고납니다. 행복은 새로운 무언가가 아닌, 자연으로부터, 선조로부터 물려받은 생명(DNA) 속에 존재합니다. 단지 방법을 몰랐을 뿐입니다. 행복일기는 단순하면서도 효과적인 방법들로 우리 안에 있는 행복을 이끌어내도록 도와줍니다.

부록에서는 행복일기를 쓰면서 함께 하면 좋은 과제들과 읽을거리를 소개해 드립니다. 꼭 해야만 하는 것은 아니지만 진정성 있게 한다면 분명 이전보다 더 큰 통찰력을 얻게 될 것입니다.

여러분께 마음으로부터 격려와 지지를 보내 드립니다.

커피를 마시다가 쏟았을 경우 바로 닦으면 별 문제가 없습니다. 그런데 쏟은 것을 그냥 놔두면 변색되어 지우기 어려워지고 곰팡이도 생깁니다. 이와 마찬가지로, 부정적 감정을 쏟아놓고 뒤처리를 하지 않으면 얼룩이 지고 곰팡이가 피다가 나중에는 손을 쓸 수 없을 정도로 엉망진창이 되고 맙니다.

화해 시도(또는 보수작업)란 본의 아니게 서로에게 감정을 상하는 언행을 하였을 때 가능한 빠른 시간 안에 보수작업을 하여 관계가 더욱 망가지는 것을 예방하고 선순환으로 방향을 돌리기 위한 방법입니다. 이하는 가트맨 박사가 발견한 효과적인 화해 시도의 표현들입니다.

미안함을 표현하는 말

- 내 반응이 너무 극단적이었어.
- 미안해.
- 그 점에 대해 내가 너무 격했네.
- 다시 해볼게.
- 너에게 좀 더 부드럽게 대하고 싶은데 어떻게 해야 하는지 모르겠어.
- 나한테 어떤 말을 듣고 싶은지 말해줘.
- 이번 일에 내가 잘못한 부분이 보이네.
- 이 일에 대해 내가 어떻게 하면 상황이 좀 좋아질까?
- 다시 한번 해보자.
- 그러니까 네 말은 …… 이런 뜻인가?
- 좀 더 부드럽게 다시 해볼게.
- 미안해. 내가 …… 한 것에 대해 사과할게.

긍정적 반응을 얻을 수 있는 말

- 이제야 네 말이 좀 수긍이 되네.
- 네가 한 말에 대해 부분적으로는 동의해.
- 이 정도씩 서로 양보하면 어떨까?
- 우리가 같이 할 수 있는 방법을 찾아보자.
- 이전엔 한 번도 그렇게 생각해본 적이 없었어.
- 큰 그림에서 보면 이 문제는 그리 심각한 건 아니야.
- 이제 네 관점이 좀 이해가 되는 것 같아.
- 해결책에 우리 둘의 관점을 같이 넣어보면 어떨까?
- 네가 걱정하는 게 뭔지 말해줄래?

동작을 잠시 멈추자는 말

- 그 점에 대해서는 내가 잘못했을 수도 있어.
- 잠시만이라도 중단해보자.
- 잠깐 휴식 좀 취하자.
- 잠시만 기다려줘.
- 내가 다시 온 뒤에 말하자(최소 30분~최대 24시간).
- 나 지금 감정의 홍수·상태에 빠지는 것 같아.
- 제발 멈춰 줘.
- 그 일에 대해 동의하지 않기로 동의하자.
- 처음부터 다시 한 번 시작해보자.
- 잠깐만, 마음을 닫지 말아줘.
- 화제를 바꾸고 싶어.
- 우린 지금 궤도를 너무 벗어났어.

감정을 표현하는 말

- 난 지금 두려워.
- 조금만 더 부드럽게 말해주면 좋겠다.
- 뭐가 잘못될 것 같은 불안한 기분이 들어.
- 그 말을 들으니까 기분이 좀 상한다.
- 무시당하는 기분이 드네.
- 그 말을 들으니 좀 슬퍼진다.
- 비난받는 기분이 들어.
- 다시 좀 부드럽게 말해주면 좋겠어.
- 존중 못 받는 기분이 들어.
- 그 말을 들으니까 방어하고 싶어져.
- 다시 부드럽게 말해주면 좋겠어.
- 훈계나 비판받는 기분이 드네.
- 네가 원하는 바를 말해주면 고맙겠어.
- 걱정돼.
- 마음의 문을 닫지 말아줘.

감사와 인정의 말

- 네 잘못이 아니라는 걸 알아.
- 이 문제에 대해 내가 책임질 부분은 ……이네.
- 너의 입장을 이제야 좀 알 것 같아.
- 네가 나에게 ……해준 것에 대해 고마워.
- 그건 정말 좋은 지적이야.
- 우리가 둘 다 ……이런 걸 말하려는 것이지.
- 이해가 되네.
- 사랑해.

소중한 사람에게 가장 필요한 4문장

- 네가 나한테 ＿＿＿＿＿＿＿＿＿＿＿＿＿＿ 해준 것에 대해 고마워.
- 내가 너에게 ＿＿＿＿＿＿＿＿＿＿＿＿＿＿ 한 점에 대해 미안해.
- 내가 ＿＿＿＿＿＿＿＿＿＿＿＿＿＿＿＿ 한 것에 대해 용서를 청한다.
- 너의 ＿＿＿＿＿＿＿＿＿＿＿＿＿＿＿＿ 한 점을 사랑해.

폴 에크먼(Paul Ekman) 박사는 다윈의 초기 관찰을 체계적으로 연구한 후 인간의 감정을
인류 보편적인 7가지 기본 감정(분노, 경멸, 혐오, 공포, 기쁨, 놀람, 슬픔)으로 분류할 수 있
다는 결론을 얻었습니다. 그러나 색깔에 7가지 무지개 색깔만 있는 게 아니라 연속적인
다양한 색의 스펙트럼이 있듯이 감정에도 수많은 종류의 감정이 존재합니다. 일례로, 슬
픔이라는 기본 감정에 우울감, 비통함, 미안함, 실망, 절망감, 불행감 등 매우 다양한 스펙
트럼이 존재하는 것과 같습니다.

인간의 보편적 기본 감정	
기쁨	반가움, 명랑, 행복감, 고마움, 유대감, 사랑스러움, 황홀감, 극치감, 쾌활함, 만족감, 감사함 …
슬픔	절망적, 불행감, 우울, 후회스러움, 실망, 미안함, 비통함, 기분이 처지고 가라앉음 …
놀람	흥미, 기대함, 몰두감, 열심, 재미있음, 흥분, 관심 …
화남	분노, 불쾌감, 짜증, 불만, 격노, 좌절, 열받음, 시기심 …
경멸	무례함, 비판적, 씁쓸함, 거부감 …
혐오	증오, 싫어함, 구역질, 기피하고 싶음 …
공포	불안, 두려움, 예민함, 경악, 걱정스러움, 겁남, 무서움, 소심함, 불편함, 혼란스러움 …

스트레스는 감정적 불편함입니다. 하지만 감정을 누르고 부인하고 회피한다고 스트레스가 사라지지는 않습니다. 적절하고 효과적인 대응을 통해서 해소되거나 사라집니다. 다행인 것은 스트레스에 대응하는 힘인 회복탄력성은 키울 수 있다는 사실입니다.

스트레스를 받을 때 가장 먼저 해야 하는 일은 스트레스로 인해서 에너지가 빠져나가는 것을 막는 것입니다. 바로 스트레스로 인해 몸에서 나오는 독을 차단하고 중화시키는 것입니다. 이를 위한 매우 효과적인 방법이 '심장호흡'입니다. 말 그대로 심장을 통해서 호흡하는 것이지요.

◉ QCT - 빠르게 감정을 중화시키고 행복에너지 충전하기

평상시에도 이용할 수 있지만 갑자기 예기치 않은 일을 당해서 큰 충격이나 스트레스를 받았을 때 빨리 평정심을 되찾는 방법이 있습니다. 그 기법을 'QCT(Quick Coherence Technique)'라고 합니다. 약 1~2분 정도밖에 걸리지 않고 업무 중, 업무 전후, 혼자 있을 때, 여럿이 있을 때, 언제든 혼자서 조용히 할 수 있습니다.

◉ QCT 1단계 - 심장집중호흡

5초 정도 심장으로 천천히 숨을 들이마시고 5초 정도 천천히 숨을 내쉽니다. 들숨과 날숨이 각각 5초여서 합해서 10초입니다.

하트매스 연구소의 맥크레이티 박사의 연구에 의하면, 대자연에도 주파수가 있는데 주파수가 0.1헤르츠라고 합니다. 0.1헤르츠를 속도로 치면 10초 안에 한 번의 들숨과 날숨을 하는 것인데, 들숨 날숨을 각각 5초씩 하면 자연의 반복적이고 규칙적인 움직임의 주파수와 거의 속도가 맞는다는 것입니다. 호흡의 주파수를 자연에 맞추기만 해도 마음이 편안해집니다. 이처럼 평소보다 약간 천천히, 고르게 몇 번만 호흡을 해도 자율신경계가 스트레스 호르몬 분비를 차단합니다. 스트레스를 중화해주는 것이지요.

⊙ QCT 2단계 – 좋아하거나 고마운 대상을 떠올리며 감정을 느낀다.

호흡만 해서는 부족합니다. 심장에서 일정한 패턴이 지속되려면 감정까지 움직여야 합니다. 심장에서 긍정적인 감정을 느껴야 활력 호르몬인 DHEA가 분비되어 몸속에 오래 지속되기 때문입니다. 그러자면 자신이 좋아하는 대상이나 활동, 고마운 사람이나 감사한 상황을 떠올리면서 그 감정을 느껴보면 됩니다. 그런 일들을 떠올리면서 그 감정을 느끼면 심장은 저절로 최적의 주파수에 맞추어 뜁니다.

스트레스를 오래 받다 보면 호흡이 얕아질 수 있습니다. 폐 깊숙이 들이마시고 내쉬지 않거나 호흡 주기가 짧은 사람들은 특히 QCT 훈련이 필요합니다. 호흡을 천천히 하면 부교감신경을 안정시켜 주는 미주신경이 활성화된다고 합니다. 그리고 안정적 호흡은 심장에도 안정 신호를 보내서 심박변동률이 정합적으로 변하게 된다고 합니다.

– 『나와 우리 아이를 살리는 회복탄력성』(최성애, 해냄) 중에서

매일 우리는 여러 가지 크고 작은 결정들을 내려야 합니다. 작게는 오늘 무슨 옷을 입을지, 출근할 때 대중교통을 이용할지 말지부터, 크게는 회사를 그만둘 것인지 말 것인지, 이 사람과 결혼을 할 것인지 말 것인지 결정을 내려야 합니다. 우선순위를 정해야 하는 일들도 많습니다. 사실 인생은 결정과 선택의 연속이라 해도 과언이 아닙니다. 그런데 중대한 결정을 충분한 정보도 없이 내려야 하는 경우가 적지 않습니다.

그럴 경우에 도움이 되는 방법이 장면정지 기법(Freeze Frame Technique : more haste, less speed)입니다. 장면정지 기법은 짜증, 좌절, 압도감 등 스트레스 반응으로부터 한 걸음 물러나 문제나 결정에 대해 좀 더 명료한 시각을 갖는 것을 말합니다. 경기 중 타임아웃 하는 것과 비슷합니다. 한 걸음 물러서서 자신의 상황을 좀 더 크고 균형 잡힌 시각으로 본 다음 상황을 타개할 최선책은 무엇일까를 묻는 것입니다. 새롭게 생각할 수 있는 여지를 만드는 것이죠.

이 기법은 하트매스 연구소에서 신체생리학과 정합 상태의 두뇌-심장-행동의 최적 기능에 관한 수년간의 연구를 통해 개발한 기법입니다. CEO, 의사, 의료인, 운동선수, 경찰, 군인, 소방관들이 이 방법을 사용하도록 훈련받고 있습니다. 특히, 스트레스로 압박감이 클 때나 중요한 결정을 내릴 때 유용합니다.

	장면정지 기법 5단계
1	규명하기 : 무엇이 스트레스를 주는가?
2	심장호흡 하기
3	진지한 따뜻함이나 감사 등 긍정적 감정 작동시키기
4	어떻게 해야 효과적인지 스스로 묻기
5	떠오르는 통찰을 관찰하기

해결책이 안 떠오르면 1부터 다시 하거나 나중에 재시도한다.

콜로라도주립대학교 상담심리학과 마이클 스테거(Michael Steger) 교수는 '의미'에 관한 연구로 많이 알려졌습니다. 그가 하기 싫은 일을 해야 할 때 기쁘게 하는 방법을 소개했는데, 그 방법은 간단합니다.

먼저 하기 싫은 일들을 서너 가지 정도 적습니다. 설거지일 수도 있고, 정리정돈일 수도 있고, 시댁에 가는 일일 수도 있고, 고3 담임을 맡는 일일 수도 있습니다. 그렇게 하기 싫은 일을 몇 가지 적어봅니다.

그 중에서 특히 하기 싫은 일, 그러나 하지 않으면 스트레스를 받는 일을 하나만 고릅니다. 아니면 하기 싫은 정도가 그렇게 심하지 않은 일을 골라도 됩니다. 하나를 선택한 다음, 다음과 같이 생각하고 적어봅니다.

'그 일은 진짜 하기 싫지만, 만약 그 일을 한다면 나는 ~을 할 수 있게 될 것이다.'
그리고 '그걸 하고 나면 또 ~을 할 수 있게 될 것이다.'
그 다음에는 '그걸 하면 또 ~을 할 수 있게 될 것이다.'
이런 식으로 서너 단계 정도 생각해봅니다.

자신이 하기 싫은 일을 서너 가지 적어본 다음 그중 하나를 골라보세요. 그 일을 하면 생길 수 있는 좋은 일을 서너 가지 정도 생각해보고 노트에 적습니다. 그러면 내가 인생에서 가치를 두는 게 무엇인지 드러날 것입니다. 그 가치도 함께 적어보면 좋습니다.

– 『나와 우리 아이를 살리는 회복탄력성』(최성애, 해냄) 중에서

마치 옷장이나 서랍을 정리하듯 우리 머리와 마음속 기억을 정리해봅시다. 기억 속에는 좋은 것도 있고 싫은 것도 있을 겁니다. 이번 기회에 한번 꺼내서 정리해보면 머리와 마음이 한결 시원해지고 새로운 경험을 할 수 있는 마음의 공간이 더 크게 생겨날 것입니다.

어릴 때부터 현재까지 떠오르는 기억 중 좋든 나쁘든 가장 뚜렷이 떠오르는 기억을 시기별로 적어봅니다. 이미 했다면 그 정리된 기억들을 보면서 새롭게 추가하거나 고쳐도 됩니다. 기억은 바뀔 수 있기 때문입니다.

〈기억 정리의 예〉

시기		기억 속의 상황이나 장면	등장인물	느낌과 생각
0~7세		어머니와 함께 집에서 잠을 자고 있었다.	어머니	그리움, 애틋함, 고마움
초등학생 시절	1학년	친한 짝이 이사를 갔다.	선생님, 반아이들, 단짝 친구	슬픔, 외로움, 미움
중학교 시절	2학년	중학교 2학년 때 성적이 많이 떨어졌다. 부모님께 혼이 나서 속상했고, 반 아이들이 나를 무시하는 느낌을 받았다. 그 당시 나는 친한 친구들과 사이가 안 좋아져서 힘들어하고 있었는데 주변에서 나를 알아주지 않아 외로움을 느꼈다. 그래도 OOO 선생님이 나에게 목소리가 좋다고 칭찬해준 것은 아직도 잊지 못한다.		

이렇게 적어보면 자신의 인생에서 가장 큰 사건이 약 15~20가지 정도 정리가 됩니다. 그리고 자신에게 영향을 준 사람들과 주요 감정과 생각을 알 수 있습니다. 기억에 대한 상황과 장면, 그때 당시에 느꼈던 감정이나 생각 등을 가능한 자세히 쓸수록 기억 정리에 도움이 됩니다.

기억 정리는 '글쓰기'가 치유와 성장에 도움이 된다는 방대한 연구에 기초하여 최성애 박사가 시기별로 기억을 정리할 수 있도록 틀을 만든 것입니다. 기억 정리를 하는 분량이나 들이는 시간은 본인이 원하는 만큼 하면 됩니다. 그리고 하루에 다 하지 않고 기억이 날 때 조금씩 더 해 가거나 고쳐도 됩니다.

*어릴 때부터 현재까지 떠오르는 기억 중
좋든 나쁘든 가장 뚜렷이 떠오르는 기억을 시기별로 적어봅니다.

시기		상황이나 장면	등장인물
7세 이전	최초의 기억		
초등학생 (8~13세)	1.		
	2.		
	3.		
	4.		
	5.		
중학생 (14~16세)	1.		
	2.		
	3.		
	4.		
	5.		
고등학교 ~현재	1.		
	2.		
	3.		
	4.		
	5.		
	6.		
	7.		

기억은 달라질 수 있습니다. 지금 떠오르는 기억과 몇 달 또는 몇 년 후의 주요 사건들과 등장인물, 생각과 느낌 등이 달라질 수 있다는 것이지요. 따라서 현재의 시점에서의 재구성일 뿐 옳거나 그르거나, 더 훌륭하거나 덜 훌륭한 것은 없습니다.

느낌과 생각

(느낌만 쓰기)

미팅이나 소개팅을 나가면 우선 하는 것이 상대에게 '취미가 뭐예요?' '어떤 음악 좋아하세요?' '무슨 영화 좋아하세요?' '어떤 음식 좋아하세요?' 등을 묻는 것입니다. 이렇게 상대가 어떤 사람인지를 아는 것이 바로 관계의 시작이고 관계의 기초이기 때문이지요.

이처럼 서로를 얼마나 잘 아는가를 보여주는 것이 바로 사랑의 지도입니다. 사랑의 지도란 가트맨 박사가 만든 용어로서 '서로에 대해서 얼마나 잘 아는가'를 보여주는 지도입니다. 다시 말해서 '서로의 내면세계에 대한 인식의 영역'이며, 관계의 기초입니다. 그리고 사랑의 지도는 조금씩 계속 변하기 때문에 이전에 했더라도 이번 기회에 다시 한 번 해보는 것도 좋습니다.

오른쪽에 실린 〈가트맨 박사의 사랑의 지도〉는 한국 부부에게 적합한 내용으로 응용한 것입니다. 배우자가 아니더라도 부모와 아이, 선생님과 학생, 친구와 친구 등의 관계에서도 적용할 수 있습니다.

상대방의 내면세계를 아는 만큼 적어본 뒤에 맞는지 확인해보세요. 맞고 틀리는 것은 중요하지 않고, 단지 상대방의 내적 세상을 좀 더 알아가는 즐거움을 체험해보시기 바랍니다.

1. (   )의 가장 친한 친구는?

2. (   )의 가장 큰 적수나 경쟁자는?

3. (   )가 가장 좋아하는 색깔은?

4. (   )가 가장 좋아하는 음식은?

5. (   )가 가장 좋아하는 동물은?

6. (   )가 가장 좋아하는 가수나 노래는?

7. (   )가 가장 싫어하는 연예인은?

8. (   )가 가장 즐겨보는 TV 프로그램은?

9. (   )가 가장 자랑스럽게 여기는 것은?

10. (   )가 가장 수치스럽게 여겼던 것은?

11 (   )가 요즘 가장 스트레스 받는 일은?

12. (   )가 평소 가장 두려워하는 일은?

13. (   )가 가장 좋아하는 과목은?

14. (   )가 가장 싫어하는 과목은?

15. (   )가 가장 가보고 싶은 나라나 여행지는?

16. (   )가 가장 이루고 싶어 하는 꿈은?

 Yearly Check List

day	1 Jan	2 Feb	3 Mar	4 Apr	5 May	6 Jun
1						
2						
3						
4						
5						
6						
7						
8						
9						
10						
11						
12						
13						
14						
15						
16						
17						
18						
19						
20						
21						
22						
23						
24						
25						
26						
27						
28						
29						
30						
31						

7 Jul	8 Aug	9 Sep	10 Oct	11 Nov	12 Dec	day
						1
						2
						3
						4
						5
						6
						7
						8
						9
						10
						11
						12
						13
						14
						15
						16
						17
						18
						19
						20
						21
						22
						23
						24
						25
						26
						27
						28
						29
						30
						31

최성애 박사와 함께하는

행복일기 (심화편)

초판 1쇄 펴냄 2014년 11월 10일
초판 6쇄 펴냄 2024년 10월 20일

지은이 최성애
펴낸이 안동권
펴낸곳 책으로여는세상

기획 안동권 | **편집** 김선영 | **디자인** Design Hada

출판등록 제2012-000002호
주소 (우)12572 경기도 양평군 강상면 강상로 476-41
전화 070-4222-9917 | **팩스** 0505-917-9917 | **E-mail** dkahn21@daum.net

ISBN 978-89-93834-24-6 (03180)

책으로여는세상

좋 · 은 · 책 · 이 · 좋 · 은 · 세 · 상 · 을 · 열 · 어 · 갑 · 니 · 다